ITIL 2011

服务管理与案例资产详解

（第2版）

王前 刘通 梁敏 梁娅 编著

- ITIL最佳实践与案例经典解密
- IT架构设计方法论的深入剖析
- 项目管理及运营模板倾心奉献

哈爾濱工業大學出版社
HARBIN INSTITUTE OF TECHNOLOGY PRESS

内容提要

本书基于 ITIL(Information Technology Infrastructure Library,IT 服务管理最佳实践)和 PMP(Project Management Professional,项目管理理论知识体系),对多年工作实践的案例资产进行汇总。主要的资产内容包括国际和国内企业 IT 服务战略举例,需求规格说明书模板,典型架构设计模式,架构设计方法论,服务设计案例,项目和运营管理模板等。

本书适合 IT 服务外包和企业内部运营维护的 IT 技术支持和运维服务人员、开发人员、IT 软件及系统架构师、IT 项目经理、IT 服务经理、高层主管和 CIO(CEO)阅读,也可以作为在校大学生学习 IT 服务和项目管理课程的参考书。

图书在版编目(CIP)数据

ITIL 2011 服务管理与案例资产详解/王前等编著.—2 版
—哈尔滨:哈尔滨工业大学出版社,2015.11
ISBN 978-7-5603-5596-2

Ⅰ.①Ⅰ… Ⅱ.①王… Ⅲ.①信息产业-商业服务-高等学校-教材 Ⅳ.①F49

中国版本图书馆 CIP 数据核字(2015)第 208839 号

策划编辑 赵文斌 杜 燕
责任编辑 李广鑫
出版发行 哈尔滨工业大学出版社
社 址 哈尔滨市南岗区复华四道街 10 号 邮编 150006
传 真 0451-86414749
网 址 http://hitpress.hit.edu.cn
印 刷 哈尔滨市工大节能印刷厂
开 本 787mm×960mm 1/16 印张 15.25 字数 272 千字
版 次 2014 年 6 月第 1 版 2015 年 11 月第 2 版 2015 年 11 月第 1 次印刷
书 号 ISBN 978-7-5603-5596-2
定 价 32.80 元

第2版前言

在21世纪的今天,企业已经到了一个需要考虑如何系统创富的时代了,所谓系统创富就是企业要为自己打造一个能够“一次性投入,实现多次收获”的系统。企业如果要想长生久治,就需要拥有这样一个强大的系统。所谓系统,就是由流程、工具和人力资源组成的集合,也就是企业的资产。企业可以通过应用业界已经经过验证的成功系统,并结合自己的资金、品牌和文化来打造适合自己企业发展的战略资产。企业需要不断地资产积累和创新才能立于不败之地。可以想见,未来成功的企业也必将是以“基于资产交付”的企业(Asset Based Company)。

那么,目前市场上有哪些系统或资产是经过验证的呢?我们可以看到由英国政府商务办公室(OGC)推出的服务管理最佳实践(Information Technology Infrastructure Library,ITIL))很好地诠释了IT服务管理全生命周期的管理方法。ITIL就是要为IT服务提供商打造从服务战略到服务运营的全方位的企业资产。而美国项目管理委员会(PMI)推出的项目管理理论知识体系(Project Management Body Of Knowledge, PMBOK)则成为目前指导服务转换和服务落地实施的最佳实践。OGC的ITIL Expert认证和PMI的Project Management Professional(PMP)认证也在21世纪的今天逐步风靡世界。

本书基于ITIL的服务管理和PMP项目管理最佳实践,对作者多年实施IT服务管理和项目管理的案例资产进行总结。如果想了解更多的项目管理方法论和模板,请参考作者的另一本书《PMP项目管理方法论与案例模板详解》“他山之石,可以攻玉”,通过对本书的学习,希望对中国的企业在其内部全面实施项目和服务管理会有一定的参考价值,从而降低企业项目和运营的成本与风险，为打造基于资产交付的企业而努力，使企业全面提升未来应对多变商业模式的灵活性和敏捷性。

如果您希望在 IT 领域不断提高自己，那就请您选择本书吧。作者相信您绝对会有意想不到的收获的，希望本书能对您的职业发展提供应有的帮助。

作　者

联系方式：微信 tonytliu，1002675675

2015 年 6 月

目　录

第1章　服务战略

企业的发展离不开企业的战略和战略管理。企业的战略是指企业自身对重大、带有全局性的或决定全局问题的谋划和策略。企业的战略管理是指确定企业使命,根据企业外部环境和内部条件认定企业组织目标,保证目标的正确落实并使企业使命最终得以实现的一个动态的过程管理。企业的战略管理是企业战略资产的主要组成部分,并在企业管理中居于核心地位。

在历史进入21世纪的今天,信息技术的飞速发展给企业的战略和战略管理注入了新的含义。对应用信息技术最为广泛的电信运营商和银行这类企业来讲,信息技术与企业的经营模式早已实现更加高度紧密的结合。例如,支持中国移动公司全国用户计费和营账处理的“业务支撑系统(BOSS)”和支持中国银行日常柜面服务的“银行后台业务系统(BANCS)”,如果没有IT系统软硬件的全方位服务和高效的服务管理作为有力支撑,很难想象如此庞大的应用系统能够真正运转如常和持续满足企业全天候运营的需要。事实证明,信息化改变人类生活的昨天、今天和明天,也必将改变企业对未来服务战略的布局。我们且从IT服务战略管理入手来深入诠释企业的战略管理等相关问题。

1.1　IT服务战略管理

代表信息化未来的IT服务战略问题一定会成为现代企业在制定其商业战略和阶段商业模式调整时所需要考虑的核心议题。IT服务战略就是通过有效的IT服务管理把企业或组织的服务能力转化为企业或组织的战略资产。并且,IT服务战略为将来如何设计或开发新的服务和实施有效的服务管理流程提供了战略的指导。企业的IT服务战略主要解决的是IT如何适应企业未来商业模式发展方向的问题,这无疑成为许多企业的CIO或者CEO正在考虑的核心关键。作为IT服务管理最佳实践的ITIL就提出了IT服务战略管理流程来试图解答企业对IT服务战略管理的相关疑问。

为了帮助企业定义清晰的服务战略,ITIL 列举了如下问题来引发思考,从而制定出适合每一个企业的服务战略。

(1)我们应该提供什么样的服务?

(2)谁应该是我们的目标客户?

(3)如何去开发内部和外部的市场与渠道?

(4)在市场中当前和潜在的竞争是什么?

(5)客户是如何感知和度量服务价值的,价值如何才能够被客户真正体验到?

(6)服务的质量和效能是如何被衡量的?

1.1.1 国际电信公司服务战略

我们以典型国际化大公司的 IT 服务战略为例来具体回答以上问题。该公司在欧洲是第一大的电信公司。其在欧洲市场的主营业务除了移动或市话业务之外,该电信公司一直打造基于自主产权的云计算数据中心并经营在云数据中心上的 IT 基础设施和应用等托管业务。截至目前,该公司全球的云计算数据中心已经达到数十万平方米的规模,并且很多世界 500 强企业都把自己的 IT 基础设施及应用托管到该电信公司的云数据中心上,这些被托管的企业不乏像壳牌、宝马、大众和飞利浦这样的世界级品牌。并且,该电信公司是德国 SAP 公司的金牌合作伙伴,也是 SAP 公司唯一认证的在云计算环境下运行 SAP 的总代理。我们且通过该公司对 ITIL 所提及的针对服务战略问题的具体回答来进一步了解这样一个在欧洲有很好声誉和业绩的公司是如何拓展其在中国的市场业务的。

(1)我们应该提供什么样的服务?

①提供 IT 服务管理全生命周期的咨询、搭建和运维服务,咨询的范围主要包括数据中心、云计算和 SAP 云服务的搭建和运营管理。

②销售 IT 产品解决方案,如销售云计算平台和 IT 服务管理软件等。

③提供人力外包服务,外包的对象包括能够从事 IT 项目实施的项目经理、服务经理和技术专家等。

(2)谁应该是我们的目标客户?

①第一阶段,客户关系好的在中国投资的欧洲企业,如宝马、大众和西门子等。

②第二阶段,中国本土在国外有分支机构的大型民营企业,如联想、TCL和华为等。

③第三阶段,中国本土的国有企业,如中国石油、中国石化和中国邮政等。

(3)如何去开发内部和外部的市场与渠道?

①通过收购国内有ICT资质或数据中心牌照的公司进行优势互补。

②寻求与国内的品牌公司进行战略合作,通过本地公司的渠道优势打通中国市场。

③通过媒体和市场销售渠道来树立公司的服务品牌在业界的影响力。

(4)在市场中当前和潜在的竞争是什么?

①在中国的IT服务及管理领域存在激烈的竞争,比如IBM、惠普和埃森哲等公司就是其强劲的竞争对手。

②该电信公司必须打造强大的咨询、架构设计、解决方案实施和运营团队来与市场上老牌的IT服务提供商相抗衡。

(5)客户是如何感知和度量服务价值的,价值如何才能够被客户真正体验到?

①树立在中国成功的咨询或解决方案的销售案例,比如数据中心或云计算咨询的国内成功典型案例。

②服务价值来自降低客户的IT服务成本与风险,提高客户的生产力,或增强客户适应未来商业发展的灵活性和敏捷性。

(6)服务的质量和效能是如何被衡量的?

①咨询交付成果是否达到客户预期的效果。

②销售的服务产品是否解决客户目前在IT服务及服务管理中存在的问题。

③服务交付的人员是否专业和敬业。

通过以上IT服务战略问题的思考和回答,我们会对IT服务战略管理有一个基本的感性的认知,下面再以美国某国际商业公司的整体战略和企业文化为例,来具体了解企业的战略是如何落地的。

1.1.2 国际商业公司服务战略

某美国国际商业公司在其内部全面推行“1-3-9”战略:1是指一个目标,即成为不可或缺的公司;3 是指三个价值观,即成就客户、创新为要和诚信负责;9 是指九个做法,即把目标和价值观付诸实践的具体办法。

1. 一个目标

自公司成立以来,该公司人员就始终遵循恒久的目标,该目标是其安身立命之本,期望对客户和世界产生影响,成为不可或缺的公司。公司的 CEO 在内部分享会议上对这一目标进行更加具体的诠释如下:

“使公司成为客户不可或缺的公司,不仅在于提供卓越的产品、服务以及公司的整合能力,同样重要的是,我们让客户感到喜出望外。我们每天持之以恒,于细微处见真章,最终给客户留下难以磨灭的印象。”

2. 三个价值观

公司通过共同秉承的价值观来定义其在市场中的品牌地位,并因此使公司员工团结在一起。价值观之一是成就客户。公司员工应满怀热情地与客户建立稳固、长远的关系,这激励着公司人不断超越客户的期望。专注于结果,按照每一位客户衡量成功的标准,帮助他们取得成功。价值观之二是创新为要。希望公司员工都是前瞻的思想者。相信智能、理性和科学的应用,可以改进企业、社会和人类的现状,即所谓积跬步而至千里。价值观之三是诚信负责。公司人与公司的所有相关方建立信任关系,包括客户、合作伙伴、社区、投资人与同事等。通过每一天的努力,培养信任。

3. 九个做法

公司创造性地把三个价值观细化为公司人的九个做法,实现了价值观的真正落地,即规范公司员工的行为方式,将价值观付诸行动。该公司的九个最佳做法可以参见图 1.1。

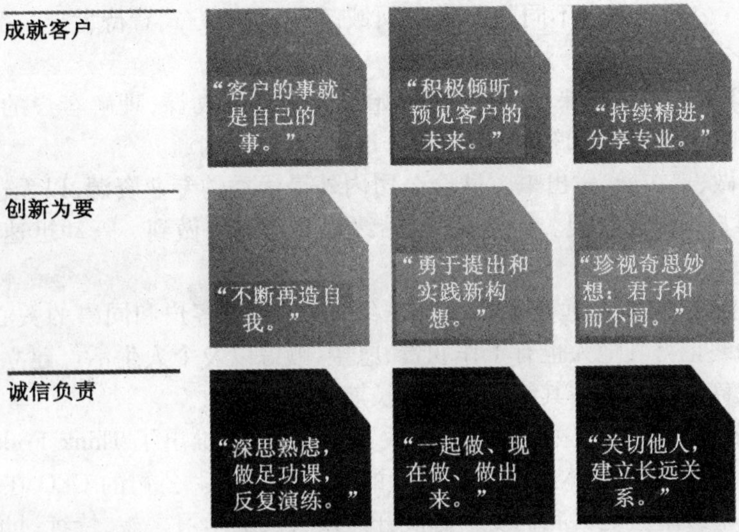

图1.1 公司的九个做法

以上图例的知识版权归该国际商业公司所有，它所示的九个做法详解如下：

(1)“客户的事就是自己的事。”公司人需要像关心自己的业务一样关心客户的业务。将客户的利益置于自身的利益之上，绝不让自己的组织架构或流程阻碍完美的客户体验。

(2)“积极倾听，帮助客户预见未来。”公司人应积极倾听客户的声音，努力了解客户所面临的挑战。洞察客户尚不知道如何描述的期望和梦想。基于对客户行业内和全世界其他领先企业正在开拓的领先科技的理解，向客户展示各种可能性。勾画出生动的蓝图，让客户了解该公司为客户预见的未来，帮助客户看到他们未来的自己。

(3)“持续精进，分享专业。”公司人不断学习，培养技能，对自身所在领域、专业和学科的发展做出贡献。善用同事、合作伙伴、客户和学者们的技能，为客户提供最相关的专家和专业，增加客户对知识的理解。

(4)“不断再造自我。”始终在寻找更有效率和效力的方式来完成工作。挑战自己的假设和习惯，适应不断变化的现实世界。

(5)“勇于提出和实践新构想。”永远保持好奇心，辨认各种模式，探寻事物背后的本质。在日常工作中产生原创思想，并勇于提出大胆的想法。

(6)“珍视奇思妙想：君子和而不同。”欢迎新的构思，培养思维方式与众不同的人才，建设开放的文化。公司人来自不同的背景和领域，以不同的方式看待世界。努力营造一种多元的环境，在所有领域中鼓励这种多样化。

（7）"深思熟虑，做足功课，反复演练。"始终预先做好功课，理解客户的背景、经验和观点。尊重他人的时间、精力和智慧，做好充分准备，有效地沟通。

（8）"一起做、现在做、做出来。"联合公司内外最优秀的专业资源，以无边界的方式协同工作，呈现给客户最佳的表现。周密部署，始终恪守承诺并做到。行动迅速，把工作上的承诺放在首位。

（9）"关切他人，建立长远关系。"事无巨细，表现出对客户和同事的关心。培养人际间的信任关系，始终记得其他人也有工作职责、愿望、顾虑以及个人生活。建立持久的关系，帮助客户、合作伙伴以及同事在其组织内取得长期成功。

为了践行公司人的九个做法或最佳实践，该公司已经推出了 Think Fridays 的在线学习论坛。Think Fridays 是为全体员工全新设计的知识大讲堂。公司的 CEO 在 2013 年第一场 Think Friday 分享课堂上说："我们要一起展开这段长远的学习之旅，持续讨论许多重要的主题。这个学习行动富有前瞻性，与公司的转型与发展息息相关。"公司将会通过这个每周五举办一次的分享论坛持续精进，分享专业，为再造一个对客户"不可或缺"的公司而持续努力。2013 年对该公司来讲是不平凡的一年，从这一年开始公司已经确立向一个全新的终身学习组织迈进的目标而持续努力。

该公司除了通过定义公司人的九种做法来有效地把服务战略落地，还适时收购一些品牌公司来持续打造公司的核心战略资产。其之前的对普华永道 IT 咨询部门的收购，对Tivoli 和 Notes 等产品的成功并购等，这些都是大家以前所熟知的经典收购案例。我们仅以其最近的一次并购案来阐述企业如何通过公司的收购来加强其对自身 IT 服务战略资产的逐步完善。该公司于 2013 年 6 月成功收购全球最大私人控股云计算基础设施即服务（IaaS）的供应商 SoftLayer 公司以加强其在企业云计算交付领域的领导地位，并帮助加速其对公有云和私有云解决方案的业务实践。SoftLayer 是众多创新云服务提供商之一，其客户可以购买到基于企业级的专用或共享服务器的云服务，并可以自由选择在何地进行部署应用。对 SoftLayer 收购将使该公司现有的 SmartCloud 云服务产品线更加完整，帮助其全球客户向云转变。随着越来越多的企业使用公有云，市场上需要更加可靠和安全的云计算管理服务平台。抓住这次机遇，把公司现有的产品都转化成云服务的产品线，为企业建立高价值的私有云、公有云和混合云的产品组合服务和行业解决方案。该公司收购 SoftLayer 后，将加速其自身公有云基础设施建设，为客户提供更多可以选择的云服务，持续驱动业务创新能力。未来其会在全球部署40个以上的云计算数据中心，在云计算数据中心上的SoftLayer与该公司既有的SmartCloud云产品进行有效组合，可灵活地为大、中、小型企业提供更快捷广泛的云服务。其未来的主打产品包括智慧城市及软件即服务(SaaS)的解决方案、智慧城市(Smart City)和大数据(Big Data)应用在不久以后将可全面部署在SoftLayer云服务平台。通过越来越完整的解决方案产品组合为客户提供更好的创新服务，以加速客户自身的业务创新进程。该公司未来将支持和扩展SoftLayer以云为中心的大数据分析能力，并进一步扩大其在云计算生态系统的市场份额。由此可见，此次战略收购的意义和影响是极其深远的。

1.1.3 中国电商公司的商业战略

未来是云计算、大数据和移动互联网的时代。在这个大的时代变革中，传统的IT领域将经受一次前所未有的洗礼，包括像IBM这样的国际IT巨头也在公司内部积极地调整其面向最终市场的解决方案，使投放到市场的产品更加云化和适应未来移动互联网发展的需要。相对于20世纪90年代中期的互联网刚刚兴起，如今互联网的发展在如此短短十几年的时间里已经一日千里。例如，腾讯的微信平台在短短的几年内就发展到拥有6亿以上的用户，人们不得不发出由衷的惊叹。在惊叹之余，大家通常会说的一句话就是："互联网无战略。"

那么在这个知识爆炸的时代，互联网是否需要商业战略呢？针对这个问题，我们可以通过如下事实来尝试浅析：

1. 互联网金融

阿里巴巴控股天弘基金并适时推出余额宝，已经拉响了电商进军互联网金融的号角。并且阿里巴巴已经和民生银行签署了战略合作协议，此次战略合作预示着传统银行业与互联网企业的合作关系进入了历史的新纪元。除阿里巴巴之外，包括苏宁集团、均瑶集团、红豆集团和腾讯等大型民营企业也在积极地申请银行牌照，腾讯已于2014年7月正式筹建深圳前海微众银行，未来的银行业将迎来万象更新的新发展机遇，而电商企业将在其中扮演重要的角色。

2. 搜索与大数据

腾讯和搜狐合作，整合搜狗和搜搜两个互联网搜索网站，成为继百度和奇虎 360 之后又一不可小视的搜索平台。自此互联网的搜索平台进入了三国时代。互联网搜索巨头百度通过收购 91 无线(91 助手)，从而保持其在互联网和移动互联网的搜索接入的霸主地位。除搜索领域外，大数据时代的来临对人类的工作和生活产生颠覆性的影响。著名的大数据时代的预言家维克托·迈尔-舍恩伯格说："世界的本质就是数据，大数据将开启一次重大的时代转型。大数据发展的核心动力来源于人类测量、记录和分析世界的渴望。从因果关系到相关关系的思维变革才是大数据的关键，建立在相关关系分析法基础上的预测才是大数据的核心。"云计算数据中心作为大数据的载体可以通过对海量数据进行分析、预测，会使得政府和企业的战略决策更为精准，释放出更多数据的隐秘价值。例如，大数据对传统金融业带来不小的冲击。阿里巴巴可以通过自身的电商平台对以往客户消费行为和信用等级进行分析，更好地支撑未来阿里银行金融放贷业务的正确决策。除了电商之外，传统的零售大佬苏宁也不甘其后，苏宁收购视频媒体网站 PPTV，与原先苏宁易购的电商平台进行全面整合，并试图实现线上和线下购物一体化的全新购物体验。这就是苏宁整合线上和线下的 O2O 解决方案，为未来进军移动互联网和互联网金融的全产业链夯实必要的系统平台和资源储备。

3. 电商零售业的全渠道

全球零售业正走向信息时代，未来零售业将从传统零售向全渠道零售转型，即逐渐向线上和线下一体化的 O2O 模式的转变。这是一个以消费者为主权的时代，消费者目前的消费行为逐渐向全渠道、全天候和全社交转型。随着腾讯微信、阿里巴巴的微淘和富基融通的微店等移动互联网产品不断被广大消费者使用，这些产品也彻底打开了零售业全渠道的天窗。电商公司需要顺应这个时代的变革，尽可能多地构建面向消费者的购物服务渠道和基于消费者个人体验的增值服务。零售企业也应借助移动互联网，将千店一面的局面变为千店千面，实现针对每类消费者的个性化服务。在这个变革的时代，电商公司应具备互联网思维，即开放、透明、分享和责任，运用这种思维，打破传统零售业的区域垄断和僵化壁垒的利益格局，在商品供应商和消费者之间建立起直接的和高效的沟通渠道。

4. 标准化商业流程管理

商业流程是指协作性的、事物性的、为客户创造价值的、完整而动态调整的工作集。商业流程的目标是指导公司与人有关的工作完成。“核心”商业流程往往是私有的，因为它们体现了一个公司独一无二的竞争优势。应用标准化商业流程的企业可以提供端到端的服务（End To End Service）解决方案。自动化的工具往往被用来成为载体来贯穿整个解决方案的价值链。例如，互联网巨头谷歌、亚马逊和阿里巴巴的云平台就是这种工具载体的具体体现，通过云的自动化来提升商业流程支持的灵活性和敏捷性。自动化的工具需要基于标准化的商业流程的定制为前提的，标准的商业流程一般包括基于创新产品或服务的战略目标的设定（Pespective）、当前的市场分析（Position）、完备及可达成的计划（Plan）和可以重用的模式（Pattern），也就是我们通常所说的服务战略4个P的满足。亚马逊的EC2（Elastic Compute Cloud）云平台交付模式和戴尔的在线“直销模式”无一不基于公司内部强大而标准的商业流程最终得以实现。未来标准化的商业流程会在互联网企业的战略制定中发挥更加重要的作用。商业流程管理专家安德鲁·斯潘亿（Andrew Spanyi）在他的《商业流程管理是一种团队运动》（*BPM is a Team Sport*）一书中就曾经提到：“那些未能将传统的、功能化的思维方式转变为商业流程化的思维方式的企业将发现自己正在屋脊上踉跄行走。商业流程管理确实是一个竞争性极强的团队运动，在争夺行业冠军的决赛阶段，要么胜出，要么惨遭淘汰。”

1.2 需求管理

IT服务战略一般是通过根据战略的需要而不断产生的服务或项目来具体落地的，而任何服务或项目都要从针对客户的具体需求分析开始入手。不管你是IT销售人员、售前工程师、项目经理或是系统架构师，建立一套清晰的需求分析思路对你赢取项目前期的竞标成功和后期的落地实施都至关重要。本章会从需求管理的目标开始逐步阐述需求分析的具体分析办法，并介绍需求分析环节的资产案例及模板。

客户的需求就是客户对其目前IT环境的潜在需要，需求管理的目的是能够理解、预见和影响客户的需要并具有满足客户需要的能力管理。需求管理更多的是对需求分析的能力管控，具体表现为一种对客户需求的深刻洞察力。对客户需求的把握主要是回答客户“要做什么”的问题，而不是“如何做”的问题。

需求的一个特点是动态的，是随着时间的推移而改变的。这就需要 IT 服务提供商能够提供“随需而变的服务”。比如说随着云计算应用的普及，很多公司都会选择租用云计算资源的方式来获得服务，而不是自己单独购买软硬件服务产品。这样的好处是降低了 IT 投资成本和缩减投资周期，并有效地提高 IT 投资回报率（ROI）。IBM 公司为了动态适应客户不断变化的需求，在公司内部一直秉承随需而变的商业服务模式（On Demand Business）。由于云计算在最近几年风生水起，IBM 从 2007 年以来在全世界范围内率先推广云计算的咨询、设计、实施和运维管理等相关服务。

需求的另外一个特点是“渐进明细”。随着对客户业务的不断深入理解，客户的 IT 需求也会变得越来越清晰。这一点和项目管理中项目的特点是一致的，本书的第 3 章服务转换章节会对项目管理的知识体系进行更加详细的介绍。

ITIL 认为需求管理是有其生命周期的，该生命周期横跨从服务战略一直到服务运营。为了适应在整个服务全生命周期内的需求管理与服务交付价值的持续商业论证，IBM 在公司内部推出了架构解决方案方法论。该方法论是对需求在整个服务生命周期内进行管控的全面诠释，本书会在第 2 章服务设计章节对 IBM 的架构设计方法论进行详细介绍和具体举例。

需求分析阶段应完成相应的需求分析文档，并在文档中记录客户的具体需要。在需求分析文档中还要阐述项目所交付的服务或产品应遵循客户的相关标准规定名称及详细内容。比如，客户当前所使用的服务器、应用软件和网络环境的安全策略或安全标准等。这就需要需求分析师或 IT 架构师对客户的 IT 系统环境有所了解，客户的 IT 系统环境可以包括当前 IT 系统维护的文档清单，也可以是数据中心的实际环境介绍文档，包括软件、硬件、存储、网络安全区域划分、防火墙配置和网络 IP 地址分配等。

在客户的 IT 环境和所需遵循的 IT 安全策略或标准清晰后，可以通过系统上下文关系图（System Context Diagram）来表达新系统和客户当前使用的应用系统之间的业务关系。这些业务系统间的关系诠释了系统之间的信息是如何协作和互相调用的，以及是通过何种手段彼此调用的。系统上下文关系图能够帮助理解所建设的系统在客户商业运作中的具体位置和作用，从而更好地满足客户的业务需求。另外，系统上下文关系图还会提供业务单元之间所发生的事件和初步的接口信息。这会对后期设计系统模块之间的接口定义标准有很大的帮助。也就是说，系统上下文关系图提供了一个框架，使我们可以获取业务范围内的流程，以及它们之间的接口信息，从而明白这些流程存在的背景和背后深层次的原因。因此，系统上下文关系图可以作为与客户进行进一步沟通和需求确认的介质。任何项目的需求范围都要得到客户的最终确认，而系统上下文关系图就是确认最终系统实施范围的关键依据。通过系统上下文关系图去和客户讨论哪些业务功能是在需求范围之内的，哪些业务功能是在需求范围之外的，以及哪些是潜在的未来业务需求等。

为了更好地理解在系统上下文关系图的接口定义方式和处理过程（详细），我们来举例说明。图1.2是电信领域移动大客户系统的系统上下文关系图。

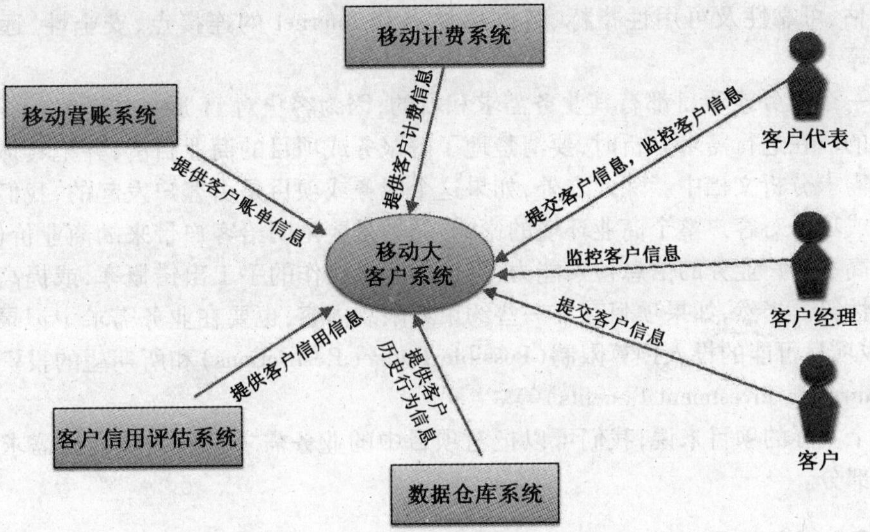

图1.2　移动大客户系统的系统上下文关系图

图1.2列举了在移动大客户系统中所包括的关键参与者（Actor）和与大客户管理系统相关联的其他业务应用系统。每个参与者即使用移动大客户系统的角色和其他业务应用系统在图1.2中都独立地完成指定的功能，比如说客户代表通过移动大客户系统来提交客户信息，并对客户信息进行实时监控。移动计费系统提供移动客户历史计费信息给移动大客户系统作为客户消费行为的参照，客户信用评估系统提供客户的信用信息给大客户系统，来作为客户管理和大客户评级的参照。作为一个为移动公司设计产品的IT架构师，你可以通过相应的系统上下文关系图来了解应用业务单元之间的逻辑关系，并具体细化单元内部的逻辑、属性、方法和操作步骤。另外，可以基于具体的系统上下文关系图与客户进一步协商和进行需求确认，并把这些需求细节信息写入最终的需求分析文档中。

在需求分析文档中一般包括业务需求和技术需求两部分，以下是对业务需求和技术需求的具体描述。

1.2.1 业务需求

业务需求包括业务相关人员、项目关键时间点、大致预算、各类业务活动及其规模、业务增长率预估、可靠性及可用性指标、各网络站点和 Internet 的连接点、安全性、远程访问及 QoS 保证等。

任何一个服务或项目都有其业务需求和目的，因为客户对 IT 服务或项目的投入是有其商业预期的。在进行需求分析时，要清楚地了解服务或项目的商业目的，并把具体的商业目标记录到需求分析文档中。除此之外，如果这个服务或项目是由客户发起的，我们还要记录这个服务或项目对客户整个商业环境的影响，尤其是要阐明给客户带来的商业价值是什么，比如说提高了客户业务的信息检索能力，降低了业务操作的手工出错概率，或提高了客户系统的安全性等。当然，如果项目存在一些约束或限制内容，也要在业务需求中记录下来。例如，服务或项目可能的投入预算限制（Possible Budget Restrictions）和所期望的投资回报（Expected Return On Investment Benefits）等。

对一个实际的项目来说，我们可以把对项目中的业务需求扩展为功能性需求和非功能性需求两部分。

1. 项目的功能性需求

不管是 IT 架构师还是项目经理，你都要很清晰地认识到，项目是为了满足客户商业战略落地的需要。客户购买你的产品或服务时，他们在意的可能不是你的产品或服务本身，他们更加在乎你的产品或服务是否能够满足其具体的需要（Particular Needs）。因此，我们要想实施一个成功的项目，那就必须要感知客户到底想要的是什么。比如说客户需要什么类型的产品，何时需要和为什么会在那个时期需要等。参与需求分析的需求分析师或 IT 架构师应该具有敏锐的洞察力去了解客户所在领域当前和潜在的市场需求。

项目的功能性需求也就是客户的商业需要，它是从客户或最终用户的角度所看到的系统能力。举一个简单的例子，如果客户是一个移动或电信公司，他想要达成的项目交付成果是能够提供给最终用户集中拨入访问的呼叫中心（Call Center）。那么，项目的功能性需求就是提供给客户关于一整套呼叫中心的解决方案。其中包括呼叫中心的交互式语音响应模块(IVR)、计算机和电话集成模块(CTI)、业务咨询模块、业务受理模块和投诉建议模块等。

2. 项目的非功能性需求

项目的非功能性需求阐述的是项目产品或服务所要遵循的质量保证(Quality Assurance)和服务级别协议(SLA)的要求。比如说项目所提供的产品或服务的可用性需求、安全性需求、服务容量(性能)需求和服务连续性(灾备)需求等。通常来讲,项目的非功能性需求是用来衡量产品或服务部署到生产环境的质量评测标准,也是衡量合适的 IT 系统架构的重要依据。表 1.1 为非功能性需求的举例。

表 1.1 非功能性需求列表

非功能性需求	详细说明
可用性	本系统应做到 7×24×365 不间断工作,可用性指标应达到 99.99%
性能	系统的响应时间应在普通局域网和广域网上用户可以忍受的范围之内: 局域网内操作平均响应时间不超过 1 秒;报表统计分析平均响应时间不超过 5 秒; 广域网内操作平均响应时间不超过 2 秒;报表统计分析平均响应时间不超过 10 秒; 系统所运行的服务器在线运行时的 CPU、内存利用率应小于 60%;业务处理峰值时,CPU、内存利用率应在 80% 以内
容量	存储历史信息数据在线 24 个月;提供超过 24 个月的数据归档功能,并保留 3 年以上 支持的最大用户连接数为 1 000 个
兼容性	主要用户界面支持 IE、Firefox 等通用的浏览器 系统兼容主流厂商 JDK 和中间件(Websphere 和 Weblogic)版本
可靠性	硬件系统的配置方案应具有镜像(Mirror)容错等保护功能,系统架构无单点故障(SPOF)隐患 要求系统通过备份等手段充分保证数据的安全性与完整性,即使系统出现问题,也能保证数据的交易完整以及数据的可恢复性

续表 1.1

非功能性需求	详细说明
可维护性	出现故障应能及时发出告警信息 应用失效后恢复正常工作所需的平均故障恢复时间不得高于 30 分钟
安全性	禁止口令和相关安全信息在网络上的明文传输 遵循密码复杂度的配置要求，如密码长度最小 8 位、90 天失效期和密码必须是数字、字母和特殊字符的复杂组合等 能够提供系统历史日志信息，并具备完善的日志审计功能。日志至少应包括每个用户进入和退出系统的时间、对非正常使用系统的过程记录等信息，并能够提供用户对系统关键字段更改记录的事后审核功能
扩展性	系统应具有很好的可扩展性，以适应将来业务量和业务种类增加的需要 系统应当提供二次开发所需要的 API，和相关的辅助技术支持说明文档
可移植性	系统支持在多种硬件平台上的运行能力，采用通用软件开发平台进行开发，具备良好的可移植性 系统采用标准开放接口，支持与其他系统的集成
易用性	易理解 易学习 易操作
多语言支持	提供中文操作界面的支持 提供英文操作界面的支持 提供日文操作界面的支持

1.2.2 技术需求

技术需求的内容是需求分析文档中的重要部分。技术需求内容一般会包括对客户当前 IT 环境信息的描述。需要了解客户当前 IT 环境信息的详细情况，最好是获得能够描述客户当前系统网络和应用部件(组件)的架构图。关于客户的 IT 环境信息，一般可以从客户的 IT 技术支持部门那里获得，这也是项目前期调研所应考虑的范畴。另外，在技术需求分析文档里,我们同样也要描述出项目在执行完后的IT系统架构概况。这样,客户会很清楚地通过项目前后的概况描述来了解项目最终会对其IT系统环境产生什么样的影响,进而增进客户和项目实施团队对需求的共同认识和相同理解。

另外,客户在此项目中需要的软件和硬件设备的列表也要在需求分析文档里列出来,并标明具体软硬件的选型、版本和配置信息等情况。

除此之外,对于技术需求本身,如下的内容也可以列入需求分析的参考范畴。

1. 项目交付计划(Project Delivery Plan)

对于项目需求来讲,我们要列出初始的项目交付计划,比如说软件的开发和测试何时完成,何时硬件采购完成和网络布线完成时限等。

2. 项目的除外责任和项目依赖(Project Exception and Dependence)

在项目需求分析文档中,还要提出与需求相关但不在项目范围内的那些事项,比如说一个数据中心迁移的项目,就需要列出那些暂时不会纳入数据中心迁移项目范畴的服务器、数据库和存储设备列表。除了除外责任,在需求文档中还可以记录任何与该项目有依赖关系的事项,例如,如果你的项目中所要用到的软件正在另一个项目中被开发,还没有真正产品化,那么你就要在项目需求分析文档里列出那个软件的具体版本发布时间,并把这个问题作为项目依赖进行持续跟踪。

3. 客户的培训计划(Customer Training Plan)

制定需要培训的具体内容、培训对象和可能的时间安排等内容。

4. 提供项目的主要费用列表(Provide Capital And Expense Funding For The Project)

列出项目的具体花费,其中包括项目的一次性成本和未来维护的持续性成本。一次性成本(One Time Cost)包括项目的一次性人力投入和软硬件设备的一次性购买。持续性成本(Ongoing Cost)为维护该系统上线运行的持续性人力和物力的投入。比如,系统软件、数据库、服务器和存储的日常维护费用等。

5. 软硬件的采购计划(Purchase Plan)和许可证(License)数量信息

详细表述该项目所需要采购的软硬件数量、软件许可证的数量和可能的采购时间等。

6. 明晰项目中每个人的角色和职责(Roles and Responsibilities)

定义具体的角色和职责矩阵,可以通过 RACI 权责矩阵来实现。即任何的项目工作或任务都可以通过 RACI 来分解其权责。RACI 权责矩阵的定义如下:

R(Responsible)代表执行负责人:负责执行任务的角色,他/她具体负责操控项目活动和解决问题。负责任执行的人员要把工作做到位。

A(Accountable)代表批准人:对项目工作或任务的执行结果负全责的角色,只有经他/她同意或签署之后,任务才可以关闭。有且只有一个人对一项指定的工作或任务负有直接责任。

C(Consulted)代表咨询到的人:执行这项任务所需咨询到的人,咨询到的人一般是相关专家。

I(Informed)代表需知会的人:应及时被通知任务执行结果的人员,通告的内容包括具体执行情况和相关质量信息,需知会的人一般是客户。

7. 需求的可行性分析报告(Requirement Feasibility Report)

需求的可行性的论证主要是对客户的具体需求进行可行性研究和风险评估,论证的结果一般会通过需求的可行性分析报告来体现。报告的具体内容是探讨、解释和描述针对需求的建议方案是否可行。在分析报告里还会针对需求方案的不同部分提出可能存在的问题和风险等,这些分析结果都可以作为与客户进行沟通的依据。并且可行性分析报告应该是不断更新和阶段审核的。同时可行性分析报告可以作为项目的质量保证审核以及后期完善项目计划的重要依据。

下面举例说明需求的可行性分析报告的基本格式,见表 1.2。

这里可以使用不同的颜色(红/黄/绿)来表示不同程度的问题,并且注意不要把风险、问题、假设和依赖因素混为一谈。还要提早从客户那里获取更多的有用信息,并进行必要的阶段风险评估。如果客户不能及时提供所需要的资料或信息,那么这个问题所带来的风险是很高的,可以采取必要的方法和策略手段来引导客户尽早获取相关资料。

需求分析文档一般会通过需求评审会议来最终确认。在客户参加评审会并签署同意需求文档的内容后,项目才会接下来开启架构设计阶段。在这里值得一提的是在需求分析文档中需要阐述新系统是如何遵循客户现有 IT 环境(安全)标准的,不然,你的需求建议方案可能会被客户拒绝。

表 1.2　可行性分析报告

序号	风险描述	可能性 高/中/低	影响 高/中/低	可弥补的策略或方案	评估的时间
记录 1	目前的预算不能够满足项目的要求	低	中	讨论缩小项目的范围或增加投资预算	2014 年 5 月 17 日
记录 2	项目的可交付成果不能满足客户的需要	中	高	质量保证部门要重新评估项目的交付价值	2014 年 6 月 17 日

总之,作为一个 IT 服务或项目,在服务或项目实施之前要去了解客户目前的业务及 IT 战略、IT 系统当前环境是非常必要的。因为你会通过了解客户的环境来充分知道客户当前的具体需求是什么。并且,在分析客户 IT 系统环境的过程中,可以更好地根据客户 IT 系统中需要改进的地方来推销你的系统解决方案或架构改良设计方案给客户,即所谓“知己知彼,百战不殆”。就像中国春秋时期兵法家孙子在《孙子兵法》一书中曾经提到的:“夫未战而妙算胜者,得算多也,未战而妙算不胜者,得算少也。多算胜,少算不胜,而况无算乎?”由此可见,你所能了解和采集的针对客户的有用信息越多,对你的需求分析就越有利。

1.3　服务战略案例资产介绍

1.3.1　战略管理工具举例

战略管理是企业管理中最具有挑战性的部分,通过高效的战略管理工具可以在战略的制定、评估和实施各个阶段起到关键的作用。以下是业界比较著名的战略管理工具的举例介绍。

1. KT 决策法

KT 决策法是由美国人凯普纳(Kepner)和特雷高(Tregoe)提出的,是一种系统思考的方法。按照事情各自的发展规律,对决策相关各要素逐一识别和排序,根据清晰明确的目标对各选择方案进行评估,从而优化最终决策结果。KT 决策法帮助战略决策者对制定的目标和实际情况有清晰的了解,明确目标和现实的差距及差距产生的具体原因。KT 决策法使用的具体步骤包括:

(1)发布决策声明,声明中含有必要的行动方案和预期的结果,及规定决策声明分发的对象,以期相关人员了解与提供支持。

(2)确认实现战略所需要的具体行动目标以及可能的限制条件。目标可以分为"必要目标"和"理想目标"。

(3)赋予各目标权重,逐一排序。目标的权重是目标选择的重要依据。

(4)产生选择方案。

(5)对各备选方案进行打分。

(6)计算各选择方案的加权分值,找出分值最高的前两项或三项。

(7)充分考虑前两项或三项方案在实施中可能存在的风险和负面影响。风险和影响可以按照产生的可能性及严重性(高、中、低)进行评估。

(8)根据评估结果最终确定唯一的方案选择。

2. Delphi 分析法

Delphi(德尔菲)分析法是兰德公司在 20 世纪 50 年代创立的预测分析方法。该方法是依靠人的经验、知识和综合智能进行预测的方法。Delphi 法包括如下步骤:

(1)把待决策的内容写成若干条含义十分明确的问题。

(2)专家们在没有互相沟通的情况下背靠背地阐述个人对问题的看法,并分别作出书面反馈。

(3)收回专家的书面反馈,并进行定量的统计归纳。

(4)将统计归纳的结果反馈给专家们,每个专家根据结果再行修订和发表意见,送交组织者手中。

由此经过三四轮的反馈过程,就可以取得一个偏向一致性的最终决策了。

3. PEST 分析法

PEST 是政治(Political)、经济(Economic)、社会(Social)和技术(Technological)的首字母集合,PEST 分析是对影响企业或行业的主要外部因素进行分析。PEST 把这些影响因素分为四大类,通过对影响因素的分析和论证来规避在战略决策中不必要的风险。

(1)政治和法律环境,包括国家的政体、社会制度、立法和法律等。

(2)经济环境,主要包括社会经济结构、经济发展水平和宏观经济政策等。

(3)社会文化环境,包括社会价值观、人口状况、教育程度、风俗习惯和宗教信仰等。

(4)技术环境,包括社会科技水平及力量和科技扶植政策等。

4. GAP 分析法

GAP 分析法在战略实施的过程中,将实际绩效与期望的绩效进行对比分析,做出战略的评价与调整。GAP 分析的主要目的是通过分析差距产生的原因并提出减小或消除差距的方法。差距分析的具体步骤包括:

(1)对比预设定的战略目标以及实施战略后实际达成的状况。目标可以是品牌优势的打造、组织结构的调整、财务的整体节省等。

(2)分析在战略实施过程中企业内外部环境要素的变化,以及对实现战略目标的影响。

(3)分析战略目标的设定是否合理,如果存在显著差距,就需要提出新的战略或措施来消除这种差距。

(4)分析战略方案是否合理,以决定是否要调整方案。

1.3.2 制度治理规范举例

不管是企业或 IT 的战略,都可以上升到企业的制度治理层面。经济学家一般认为制度是一个社会的游戏规则,是构建人类相互行为的人为设定的约束。制度一定要体现有效、公正和公平的原则。好的体制孕育了好的制度,企业的体制主要表现为企业的治理结构。好的治理结构能够支持企业的决策、企业员工的激励和企业运作的合理控制,这也是企业治理的三大支柱。企业的决策要依据企业架构来进行,它的核心是投资决策。企业员工的激励包括员工的管理、激励和绩效评估等多个方面。企业运作的控制是保证决策落地的关键,一般包括内部控制体系建设、项目和日常运维控制、供应商控制、信息安全审计和控制等。

支持企业战略的 IT 治理就是通过加强 IT 决策、实施和评价等多个方面的控制和管理。IT 治理会体现到具体的制度上，制度可以包括总体管理制度、项目管理职责制度、运维管理制度、安全合规性制度、应急和容灾制度等多个方面。以下是具体的制度举例：

××运维项目管理职责规定

总　则

第 1 条　为规范××××公司运维项目经理职责，确保各生产服务系统安全运行，特制定本规定。

第 2 条　运维项目经理是指所有即将或已投产的各应用系统，以及支持其运行所需的系统平台、网络、机房等基础架构的负责人。

第 3 条　运维项目经理的主要职责有：系统安全运行管理、运维绩效管理、流程运行管理、沟通管理、日常管理和责任认定与处罚等。

系统安全运行管理

第 4 条　对其所直接管理系统的安全运行承担直接管理责任，并有义务对其他系统提供技术支持和业务指导。

第 5 条　应组织采取有效技术措施来预防技术故障的出现，并组织技术人员对出现的重大、疑难技术故障进行及时处理和分析。

第 6 条　应对直接管理生产系统的设计、开发、测试、变更等技术事项进行审核。

第 7 条　应合理安排运维资源、组织做好安全运行工作，对运行工作中的日常事项及时作出决定，对重大事项及时上报。

运维绩效管理

第 8 条　根据已发布的运维绩效评分标准，负责制定本运维项目组的年度运维绩效目标。

第 9 条　负责将运维绩效评分标准推广至所负责的运维项目组，并将本项目组的运维绩效目标分解至每个组员。

第10条 如果绩效水平低于绩效要求,须制定并落实运维绩效整改方案。

流程运行管理

第11条 严格按照已发布的各运维流程开展日常运维管理工作。例如,需要遵守并执行事件、故障、问题、变更、发布和配置等管理流程。

第12条 逐步加强运维流程的遵从度,持续改进流程执行的效率和效果。

第13条 负责制定和审核内部运维工作相关技术操作规程或者手册(SOP),以有效控制运维风险和提升运维质量。

沟通管理

第14条 及时上报重大故障,协调相关资源,尽快将系统恢复正常,并负责提供详细事故处理过程记录和总结报告。

第15条 积极响应和支持高层领导发起的各类专项工作。例如,灾备演练、系统交维和专项培训工作等。

第16条 积极协助其他运维项目组处理相关运维工作,例如,与其他应用系统的接口统计、接口变更的通告和数据导入导出的协作等问题。

日常管理

第17条 合理设计所负责运维项目组的组织架构、岗位职责和运维相关权限,例如,系统集中访问控制、数据库管理权限的授权和后期变更控制等。

第18条 总控团队的工作量分配,并制定合理的员工KPI考核机制,以加强项目组成员各项工作的进度和质量。

第19条 制定适当的团队激励机制,加强团队建设和协作能力。

第20条 对项目团队的稳定负有直接责任,任何项目组人员变更需要遵守既定的变更管理流程。

第21条 针对具体岗位制定详细的培训方案和内训资料。通过各种培训机会,提高整体人员的技能水平。

第 22 条　负责员工的日常考勤管理，合理安排值班和轮休，做好节假日系统的运维保障。

第 23 条　及时提交相关运维服务报告，例如周报、月报和事故记录报告等。

责任认定与处罚

第 24 条　未按照既定规程的操作，并导致实际损失或损失增大的属于事故。

第 25 条　对于知情不报、故意漏报、报告不及时并导致实际损失或损失增大的，对相关人员按事故追究，并在原适用的处罚基础上加重处罚。

第 26 条　对于不配合、不支持、互相推诿并导致实际损失或损失增大的，对相关人员按事故追究，并在原适用的处罚基础上加重处罚。

1.3.3　需求规格说明书模板

需求规格说明书模板可以在需求分析时使用。针对新的需求和日常服务需求变更都可以使用此模板。

××××项目

需求规格说明书模板

××××公司

YYYY 年 MM 月

1　简介

简介部分应包括：

1.1 编写目的

主要说明本文档的作用。例如，作为需求分析文档来收集业务和技术的需求，提供后续设计和测试工作的依据。如果此文档作为项目验收的依据或有其他特别作用，应特别注明。

1.2 文档的控制

以列表的形式,列出文档的版本信息、变更历史、变更内容和具体作者。

1.3 文档的审批

以列表的形式,列出所有的文档的审阅人(Reviewer)、审批人(Approver)和他们的职务。

1.4 项目干系人

以列表的形式,列出所有直接参与或受项目实施后期运营影响的干系人及其组织和职务。

1.5 项目变更管理

此处列出如果涉及项目需求范围的变更,需要遵守的审批流程和具体处理步骤。

2 业务需求

主要说明需求的来源、意义和总体目标。

2.1 当前业务环境

针对客户当前业务环境的概述,包括当前系统覆盖的业务范围、实现的主要功能、业务流程及流程之间的关系,以及业务环境目前存在的问题等。

2.2 业务环境的变更建议

列出此项目对客户业务环境的变更明细,包括新系统应该满足的功能性需求和非功能性需求的具体论述。

2.3 业务价值

列出针对此客户业务环境的变更所带来的商业价值。

3 技术需求

3.1 当前 IT 技术环境

说明当前 IT 的技术部件,并对当前 IT 技术架构信息进行详细阐述。

3.2 IT 技术环境的变更建议

说明目标 IT 环境的变更明细,包括软件、服务器、存储和网络等具体部件的变更(详细)。此处可通过对变更前后 IT 系统架构的比较来具体论述项目交付所带来的价值。

4 项目交付需求

4.1 项目计划

列出项目的具体计划和时限性要求。

4.2 项目的除外责任

列出不包括在项目实施范围内的应用和基础设施交付的内容。

4.3 项目依赖

列出项目可能有的依赖条件，如项目的交付依赖是需要使用一些待开发的软件产品或服务等。

4.4 风险和规避

以列表的形式，列出项目可能的风险和规避方案，这里的风险包括业务资源短缺所带来的风险和技术的风险。

4.5 问题和假设

以列表的形式，列出项目当前的问题、问题的优先级和可能的解决方案。

4.6 假设条件

列出项目的前提和可能的假设条件。

5 运营支撑需求

列出项目所交付的系统在系统上线后需要遵守的服务标准，也就是我们通常所说的服务级别协议。服务级别协议一般包括系统的故障按时解决率、系统可用性、系统正常维护时间、系统平均故障宕机时长和全年最大非计划宕机的时长要求等。还可以列出支持此系统运维的团队名称和系统应遵循的当前 IT 安全策略等相关内容。

6 主要业务名词和术语定义

对本文档中所使用的专业或行业术语所指对象进行解释性说明，特别是对在本文档中为方便描述需求而自行定义的一些专有名词进行说明。

7 参考文献

列明制定本文档所参考的资料清单，说明其作者和出版日期等。

第 2 章　服务设计

目前 IT 技术在现代企业中得到广泛应用，企业的运营和服务能力也随着 IT 技术的提升而得到持续性的改进和提高。但是同时企业的 IT 系统也随之日益复杂起来，变得难以管理，这时很多企业便倾向于选择国内外的咨询公司来为其提供企业业务应用信息系统的管理咨询，以及针对服务设计的解决方案。从而，中国的 IT 咨询业随着企业需要的不断增加而逐渐兴起，而 IT 服务设计也越加被企业级客户所重视。我们可以把 IT 服务设计理解为是将企业的 IT 服务战略落地的设计方法论以及具体解决方案的集合。

为了深入阐述 IT 服务设计在当前 IT 业界中的重要性，先来回顾一下中国 IT 咨询业的发展历史和现状。过去，中国的 IT 咨询相对于业务咨询来说还不够成熟，而且它大多是包含在 IT 产品中捆绑销售的。在以前，企业购买一个产品，就相当于买来了一套解决方案。比如，客户购买了财务软件，就相应地解决了其财务管理方面的问题。如果一个制造公司上了企业资源计划管理系统（也就是 ERP 系统），该公司就获得了一套集物料采购管理（MRP）、财务管理、进销存管理和生产线管理等于一身的解决方案。所以，很多公司非常热衷于上新系统来解决问题。但是，随着系统的增加，企业越来越觉得复杂的 IT 系统给他们带来了不可承载的维护成本。虽然 IT 是为了支持企业的商业战略目标而存在的，但是企业却要承担它所带来的高成本和高风险，这对企业来讲是得不偿失的。所以，一个符合企业 IT 运营成本需求、低风险、易于维护并高可用性的 IT 服务的解决方案设计对企业来讲是至关重要的，而 IT 架构师就是能够帮助企业实现上述目标的人。

由于 IT 市场和企业客户的持续需要，IT 架构师也成为当下 IT 从业领域的高端职业，很多 IT 系统开发和维护人员都想成为 IT 架构师。IT 架构师在中国乃至整个亚太市场也是奇缺的。本章通过对架构师的定义和职业分类入手，试图对架构师的技能要求进行一个全面的阐述，并介绍业界著名的架构设计模式、架构设计方法论和经典架构设计案例以飨读者。

2.1　IT 架构与架构师

不同的公司或个人对 IT 架构的理解可能不尽相同，那么 IT 业界是如何定义 IT 架构的呢？我们先来看看 IBM 对 IT 架构的标准英文定义：

The IT Architect defines-architects—solutions to client business problems through the reasoned application of information technology. Those solutions are manifested as architectures and can include systems, applications and process components. They may also involve the application and integration of a broad variety of products, technologies and services, various systems and applications architectures, and diverse hardware and software components.

通过以上对 IT 架构的英文定义我们可以知道架构是应用架构设计方案来解决客户的实际问题，架构设计一般是由系统、应用和流程等部件组成的。架构设计中也可能会包括更加广泛的产品、技术、服务、硬件和软件部件等。而 IT 架构师是通过设计架构方案来解决客户实际问题的人。

既然架构设计是由部件组成的，我们且看部件的英文定义如下：

A component usually provides a particular function or group of functions.

部件（Components）是能够提供一个或一组特定功能的集合。部件可以是服务器、网路拓扑架构、应用软件、中间件平台、流程控制软件或服务管理软件等。架构设计并不是简单部件相加的过程，它是有一套或多套系统设计方法论的。在架构设计中要充分考虑部件的可重用性、部件的属性、方法、接口定义和部件之间的接口调用关系等。

IT 架构师给客户提供的解决方案是通过系统架构设计来展示和描述的，它包括操作系统的选型、存储和网络的界定、应用模块的具体逻辑定义和它们之间的接口调用关系等。IT 架构师的职责类似一个建筑设计师，它侧重于方案设计阶段的工作，但是架构师也要全程参与项目的具体实施。在方案实施过程中，架构师扮演了一个与客户进行技术方面沟通的桥梁角色，并且对 IT 施工团队提供必要的技术指导和实施引导等。IT 架构师要确保项目的具体实施过程是完全按照既定架构设计方案完成的，并且架构师还要在项目实施的具体技术攻关上起到决定性的指导作用，从而让一个项目成功实施并最终顺利完成。

2.2 IT架构师的职业分类

得道有先后，术业有专攻。我们不可能要求一个IT架构师什么都懂，架构师也是有职业分类的。每一种类别的架构师所关注的都会是一个特定的领域。下面将介绍一下基本的分类情况。

1. **企业级架构师**（Enterprise Architecture）

企业级架构师是立足于企业全局的IT系统架构，更多地关注企业的信息化总体架构，确保系统架构的总体技术方向，如何把IT的能力映射到企业的商业需要中。信息化总体架构从内容上包含IT资金投资回报、IT战略规划和实施路线、IT政策原则指导纲要与重要决策、IT资产管控、技术管理和供应商管理等。信息化总体架构侧重于IT与商业之间的关系、商业流程（Process）、活动（Activities）、组织职能（Functions）的定义、信息资源的合理利用、平衡不同风险承担者之间的利益关系和IT技术如何满足公司未来商业运作的需要等。如IBM全球商业服务部门（GBS）的架构师很多是解决企业商业战略规划问题的企业级架构师，他或她帮助大中型企业建设一个可靠的、科学的、低风险的、满足未来需要的信息化总体架构，以提高企业的综合竞争能力。

2. **应用架构师**（Application Architecture）

应用架构师是通过设计应用软件来解决公司或企业目前所面临的实际商业问题，并通过开发出来的先进软件或工具实现企业的商业运作自动化，并提升企业整体的服务能力，从而提高企业的运营效率。企业的应用软件可能是运行在不同的操作系统平台上（Windows、UNIX、Linux、Mainframe），并且有些软件是很多软件包的集合，例如企业的ERP应用系统就是财务软件、进销存软件和生产计划管理软件等的集合。作为应用架构师，要通过恰当的方法去收集已经应用到当前企业环境的软件对外接口的设置，应用对自身性能（Performance）、可用性（Availability）、可扩展性（Scalability）和数据一致性（Integrity）等需求信息，这些信息都可能成为你用来设计一个全新的应用系统所必备的输入信息。应用架构师在了解了企业客户目前的IT环境后，就可以应用目前比较流行的软件设计模式来为企业设计出符合客户要求的软件架构设计方案。模式是指软件设计的共同的本质，如Java语言的23种架构设计模式等。应用架构师通过统一建模语言 UML(Unified Modeling Language)来说明指定模式的具体组成和实现办法。UML 的图例一般包括用例图(Use Case Diagram)、类图(Class Diagram)、序列图(Sequence Diagram)、状态图(State Chart Diagram)、活动图(Activity Diagram)、部件图(Component Diagram)和部署图(Deployment Diagram)等。

3. 信息架构师(Information Architecture)

信息架构师考虑更多的是在设计方案中企业的 IT 信息、后台数据库和数据仓库的搭建工作。他们所关注的是数据库(关系型数据库、文件数据库、面向对象数据库)、文件系统(本地文件系统、网络文件系统、分布式文件系统)和存储设备(SAN 存储、NSA 存储)容量的使用设计和服务的搭建工作。具体来讲,在设计信息系统时,架构师要考虑数据库表空间的物理划分、表结构的设计、信息索引的优化、物理文件系统和存储空间的合理分配与有效利用等问题,例如信息架构师可以给客户提供数据仓库和商业智能的解决方案。

4. 基础设施架构师(Infrastructure Architecture)

基础设施架构师要考虑数据中心基础设施的具体搭建工作。比如在一个数据中心里可能会有很多的工作站、服务器、中间件、存储设备、网络设备和机房的物理设备(电源、光纤、电缆和空调等)。架构师要统筹安排所有基础架构设备的集成设计和服务搭建工作,使网络设备、操作系统和软件应用平台能够很好地协同工作。换句话讲,就是基础设施架构师主要负责企业数据中心的整体设计和搭建工作。当前很多大型企业和网站都在搭建基于云计算的下一代数据中心,所涉及的著名公司有亚马逊、谷歌、微软、IBM 和阿里巴巴等。这些公司都培养了一大批云计算架构师来满足下一代数据中心搭建的需要,这些架构师就是基础设施架构师。

5. 集成架构师(Integration Architecture)

集成架构师关注的是如何设计出好的集成方案来安装应用软件、服务器和网络等基础设施及设备,使它们能够满足企业级的需要。这种方案可以使用不同的技术、不同供应商的产品、不同平台的软件和不同类型的服务器。但是要注意的是要确保它们可以协同工作。集成架构师一般会在一些做系统集成的公司里从事具体的工作,他们能够设计并提供给客户一整套完备的系统集成方案。集成架构师的工作是基础设施架构师工作内容的一部分。

6. 运维架构师（Operations Architecture）

运维架构师的设计方案是针对目前的基础架构和应用软件变更的解决方案。日常的运维变更工作可能会包括新系统的安装、旧系统的变更、数据的迁移、存储容量的扩容和新业务升级等。这就要求运维架构师充分了解日常运维变更的需要，并把变更的需要转换成指定的解决方案或产品服务。并且，运维架构师在日常的IT系统运维操作过程中起到技术指导的作用。

7. 系统工程架构师（Systems Engineering and Architecture）

系统工程架构师更多关注整个系统生命周期（Full Iifecycle）中架构设计的质量，并进行评估。架构评估有两种常见的方式：第一种是通过建模或模拟系统的一个或多个方面来确定架构的属性，架构的属性可以包括吞吐量、伸缩性、可维护性、内聚性和耦合性指标等。例如，利用LoadRunner软件进行性能模拟测试就属于这种评估方式。第二种是通过对架构师提出质询来评估该架构，从中找出架构不能满足需求所关注的功能、质量和可能有的设计风险等。如果这个项目足够复杂，系统工程架构师会充当检验员的角色对架构设计方案设置一些相应的检查点（Check Point），然后建立一个针对解决方案的评估标准，以确保最终提供高质量的架构设计方案或产品来满足客户的需要。换句话来讲，系统工程架构师是架构师团队里的质量审计人员，他或她会对其他架构师的方案进行技术审定和校验。IBM公司就设有内部的技术评测部门，任何IBM架构师设计的方案在真正落地实施前都需要先通过技术评测，负责技术评测的人员就充当了系统工程架构师的角色。

2.3 IT架构师的基本素养

IT架构师需要很广泛地应用产品和技术知识，比如说网络设备、服务器、操作系统、数据库、中间件、存储和应用软件等技术资料的掌握。当然，架构师可以依赖产品专家去安装和配置具体的硬件和软件，并执行相关应用的实施和发布。例如，数据库专家会去具体安装和配置数据库产品，中间件专家会处理好J2EE中间件产品的发布等。但是，IT架构师要对具体的产品或技术有宏观的把握，并在适当的时候提供技术支持或解决方案。建议IT架构师最好在一到两门IT技术领域中有很深入的研究，并达到专家的水平。

通常 IT 架构师的基本素养要求应包括如下内容，但不仅限于这些内容。

1. 技术和实际架构经验(Skills And Experience Producing Architectures)

IT 架构师是通过提供技术解决方案来解决客户的问题。为了达到这个目的，架构师要有一定的技术专长和丰富的架构设计实战经验，以妥善处理客户的需求分析，认知客户系统的当前环境和背景信息，并提供可选择的架构解决方案、技术评估和方案实施的过程跟踪等。

2. 以方法为导向的执行法则(Disciplined，Method-Driven Execution)

架构设计要按照一定的方法和模板来设计，这些方法是用来推动解决方案的产生、管理架构师的工作和最终交付成果的。具体的方法包括架构设计模式(Pattern)、架构设计的方法论(Methodology)、计算项目实施成本的成本模型(Cost Model)和系统性能评估工具(Performance Evaluation Tool)等。比如，IBM 在 AIX 操作系统上的 NMON 工具就是一款著名的服务器性能评估软件，架构师可以应用此软件对其系统架构的运行情况进行有效的评估。另外，作为应用软件设计的应用架构师通常会了解软件开发所通用的设计模式。例如，面向对象程序设计语言 Java 的 23 种常见的设计模式，它们包括单例模式、抽象工厂模式、建造者模式、原型模式和迭代器模式等。市场上介绍软件设计模式的书籍目前已经非常之多，对这些模式介绍有兴趣的读者可以参照相关的书籍或文档进行详细了解。

3. 对整个解决方案生命周期的掌控能力 (Full Lifecycle Experience)

IT 架构师一般关注更多的是解决方案的前期规划和设计。其实，了解解决方案从构建到实施，再到后期的维护服务和服务管理的整个过程对架构师来讲也是非常重要的。因为只有这样，架构师才能对 IT 服务设计、服务交付和服务管理的整个生命周期了解得更全面，也才会充分考虑其所设计的系统架构在系统运营和维护阶段可能出现的问题，并预先采取适当的措施来避免不必要的纰漏和意外的发生。比如有些 IT 架构师在设计的时候并没有考虑到安全管理、系统入侵检测和防护的问题，致使在系统真正连接到 Internet 网后被黑客攻击，因而导致系统瘫痪，并造成不必要的经济损失。

4. 对行业的了解(Industry Segment Experience)

作为架构师,你除了要了解客户的商业流程之外,还要对客户所在行业有一定的了解,包括行业内特定的业务需求、发展方向和在那个行业所应用的相关技术等。例如,在电信行业的IT架构师就需要了解电信行业的eTom规范和CDMA标准,并且还要了解当前的电信运营系统情况,比如说计费系统、客服系统和网管系统的具体实现标准。由于电信行业的应用大多是关系国计民生的,作为电信行业的IT架构师,了解电信行业应用的容量需求,承载电信级应用的服务器、数据库和存储系统的性能指标也是非常必要的。

5. 领导力(Leadership)

一个成功的IT架构师也是一个成功的领导者。领导力体现在可以领导团队正确地做事情。其实领导力也是一种影响力,架构师的影响力可以体现在对客户或其所在的技术团队方方面面的影响。通常的影响力有如下几种:

(1)职位的影响力(Position Influence)。

通过利用职位所具有的权力来与对方沟通,使工作顺利执行。如果一个人的职位很高,他或她可以通过本身的职位来影响事情的进展。

(2)酬劳的影响力(Reward Influence)。

通过发钱或物质的酬劳来影响别人。当然,这种酬劳不仅仅局限在钱或物质上,通过沟通来了解他们真正喜欢和想要的,然后给予他们真正在意的东西,这样才能在更大程度上激励下属和员工。比如,有些员工并不十分在乎金钱,他们可能更多地是需要被认可和鼓励,那你就要在各种适当的场合来表彰他们的成绩和贡献。

(3)强制的影响力(Coercive Influence)。

领导者可以通过惩罚的方式来影响员工的行为。比如说经理可以对一个不能很好完成工作的员工说:"除非你把客户的问题有效地解决掉,否则你的年终考评就会受到很大的影响。"对那些工作态度或绩效有问题的员工,经理常常会采取惩罚的方式来扩大自己的影响力。

(4)专家的影响力(Expert Influence)。

作为某个领域的专家,你可以通过你的经验和技术能力来影响同事或客户。因为你的技术权威性,别人会很信服你并且同意你的观点。比如说在某次项目会议上出现了一个技术未决问题，你可以说这个问题我以前碰到过，我是如何成功解决的。这样大家就会很认同你的专家能力，并按照你的方案来执行。专家的影响力是一种很好的影响方式，但是请不要试图过度夸大或鼓吹你的技术能力。

(5)信息的影响力(Information Influence)。

如果你具备别人得不到的信息或资源，并且这些资源又是别人特别想得到的，你可以通过共享你的信息或资源来影响别人。经理人或领导一般都会具备员工得不到的信息，比如说公司的战略方向、人力资源政策的最新变化等。但是，不要不当地使用信息去刺痛员工或泄漏公司内部的机密给员工。

(6)个人的影响力(Personal Influence)。

个人的影响力也就是个人魅力。你要有能力去通过你自身的魅力来影响别人。要想获得个人魅力，首先要赢取别人对你的信任。而信任是建立在有效沟通和相互理解的基础上的。

比如我们敬爱的周总理就是通过他的睿智、健谈、与人为善、勤勉和亲民等优良品质使人们感受到了他强大的人格魅力。

IT 架构师要不断提高自己的影响力。特别是要调用其在专家和信息方面的影响力，最终起到在项目组内的知识共享和技术引导的核心作用。

6. 超强的沟通能力和专业技能 (Strong Communication And Professional Skills)

IT 架构师必须要有很强的沟通、咨询和维护客户关系的能力。比如说，一个好的架构师要能够很清晰地向客户和其所在的项目团队阐明一个复杂的技术或商业概念。

7. 解决问题的能力(Problem Solving Capability)

作为 IT 架构师，要有很强的解决问题能力。这里的解决问题能力是指能够很好地定义并界定问题所发生的原因，并能够指导问题背景信息的采集和处理，最终及时地作出正确的判断和决定，以达到让问题圆满解决的能力。

对问题进行根源性分析有很多方法，作为 IT 架构师可以借用标准的问题分析方法，比如问五个为什么(Why)或通过鱼骨图理论(Fisher Diagram)来找出问题的根本原因。五个为什么方法是当你分析问题时，逐一问五个为什么，是所谓刨根问底的办法。鱼骨图理论是把所要分析的问题放到一个箭头的最右边，通过头脑风暴的方式来列举所有可能造成问题的原因,并把原因分组列在箭头的上下两边,如图2.1所示。

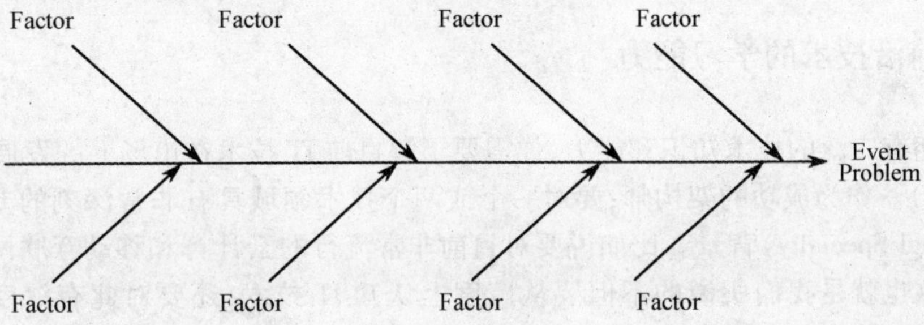

图2.1 鱼骨图

可以对所有可能造成问题的原因进行分析,最终找出问题产生的根本原因。这些都是简单和实用的根源问题分析方法,希望它们能够在您分析问题和解决问题的时候发挥出应有的效用。

2.4 IT架构师的综合素质

2.4.1 沟通和倾听的能力

具备良好的人际沟通能力是每一个在社会上打拼的人都在努力追求的。IT架构师的职业素养中也有对此的相关要求。作为一个成功的IT架构师,要具备很好的沟通和表达能力。我们都知道沟通是双向的,在你主动向客户或技术服务人员表达你的想法时,请不要忘记也要注意倾听对方的要求和想法。人家说"言由心生,口乃心之门户"。我们要时刻打开心门去主动接受来自各方的不同反馈。要学会站在对方的立场和观点去思考问题。那么如何才能学会在和对方谈话时换位思考呢?这是一个人的修为问题。如老子在《道德经》里曾经提到的"常德不离,复归于婴儿"(《老子·二十八章》)"专气致柔,能婴儿乎"(《老子·十章》)。如果你的修为可以达到婴儿般的自然纯真、朴实无华,你就可以放下心中固有的杂念或主张,自然也就会站在对方的角度想问题了。如果通过沟通,你的想法能够从对方的嘴里说出来,那时你应该即时对对方的观点加以肯定,你可以说:"就按你说的办。"达到这个水平,那么你就是当之无愧的沟通高手了。

2.4.2 前沿技术的学习能力

想要拥有广泛的技术知识和能力,你需要了解目前 IT 技术在市场上的发展趋势(Technical Trend)。作为成功的架构师,要对一个或两个技术领域具有非常深刻的专业知识和技术(Technical Specialty)背景。比如说要对目前非常流行的云计算和移动互联网技术有很好的把握。这也就是我们所说的不但要从广度上认知 IT 技术,还要对此有深度的理解。而且,IT 架构师需要对所在的行业有非常强的行业知识(Industry Knowledge)的掌握,例如对金融或电信行业规范的及时掌握和知识更新。我们都知道知识是学来的,是所谓“人非生而知之,而是学而知之”。况且目前 IT 技术也在日新月异的变化中,所以身为一个 IT 架构师,就要不断地投入时间去学习和提高自己对各种相关 IT 技术和行业规范的认知和把握能力。就像中国著名儒学大师荀子在其《劝学》一文中提到的那样“不积跬步无以至千里,不积细流无以成江海”,作为 IT 架构师的我们要持续地学习,寻求自身所掌握知识领域的不断突破,这样才是对自己职业含金量的有效保值。

“人类的生产力是人类不断改造和征服自然的能力”,这句话用在自然的改造上不一定是正确的,但是从人类自身的改造上来讲却是真理。如果把以上的这句话改写成“架构师的生产力体现于不断进行自我修炼和改造的能力”,那绝对是句至理名言。其实人的一生又何尝不是自我修炼、不断认知和提高的过程呢?

爱因斯坦曾经说过:“现存世界的问题是不能用产生它的同一级别的思考来解决的(The problems that exist in the world today cannot be solved by the level of thinking that created them.)”。

IT 架构师的能力培养也是一样的。作为架构师,在解决问题的时候,最好站在更高的角度去思考问题的本质。这就要求你不断地学习和自我修炼。并且,请侧重解决“明天”的问题,而不是“今天”的问题,更不是“昨天”的问题。

当然,当今社会已经不是要靠自己单打独斗的“英雄主义”时代了。社会和公司更多的是欢迎那些有团队合作精神的架构师加盟。如果想要成功,应去寻求最好的团队一起工作。这样,不但领导或参与的项目成功机会大,而且你学到的东西也远远多过自己一个人单打独斗所能学到的。这就是很多公司都在组建“学习型组织”的原因。

孔子说:“学而时习之,不亦说乎。”学习应该是快乐的。可见“学乐”精神是建立学习型组织的关键。这种不断学习的乐观心态久而久之可以使你成为一个优秀的IT架构师。

2.4.3 项目综合掌控能力

项目综合掌控能力其实就是一种能够引导项目团队成员了解客户需求和正确解决客户问题的能力。作为一个IT架构师,所做的项目可能会是客户商业战略目标的一部分。所以,当考虑客户的需求并指导相关的技术支持人员做项目实施之前,最好从目标客户的商业战略需求开始着手考虑具体的项目实施方案。这就要求IT架构师对客户实施项目的商业目的有很好的把握,而且需要有高屋建瓴的统筹能力,这样才会更好地指导实施具体的项目。

另外,IT架构师在指导和分配任务的时候要做到知人善用。就像老子在《道德经》说的那样“知人者智也,自知者明也”。你要充分了解你的团队,并帮助项目经理完成具体的人员调动、任务分配和结果跟踪等工作。

对IT架构师的项目综合掌控能力的具体阐述可以归纳为如下几点:

(1)赢得团队信任的能力。组建团队之间的信任关系,并建立良性和畅通的沟通渠道。

(2)建立良好的客户关系的能力。这种良性关系是建立在彼此长期的信任和认可基础之上的。要想长期地维护好客户关系,就一定要深入了解客户的真正需求,并能够帮助客户解决实际的问题。

(3)控制项目风险的能力。有效地评估项目短期和长期存在的问题和风险,及时地发现新风险,对风险进行定性和定量分析,并采取必要的风险规避策略。

(4)换位思考的能力。要考虑到公司内部不同部门的利益,并了解客户真正关切的内容,从而有效地把握部门内外的沟通。

(5)横向的影响能力。通过你具有的信息资源、知识能力和经验总结来有效地影响团队的其他成员,甚至是客户的最终决定。一个人的影响力就是不断地从自己能够控制的领域向自己以前没有能力控制或未知领域的扩展。所以,横向的影响力需要你在IT架构师的职业生涯中不断地努力开拓。

2.5 IT 架构师的技能要求

关于 IT 架构师的技能要求在 IT 业界也是众说纷纭，就像春秋战国时的百家争鸣一样莫衷一是。IBM 作为 IT 业界备受关注的公司，它对本公司 IT 架构师的职业发展有很清晰的定位，被 IBM 公司认证的架构师可以直接得到国际架构师认证组织 OPEN GROUP 的承认。所以，IBM 公司对 IT 架构师的基本技能要求是值得我们广泛借鉴的。下面来具体介绍典型的架构师技能要求，见表 2.1。

表 2.1　IBM 认证架构师技能参照表

技能列表 Skill Sets
应用沟通技巧，显示出良好的口头和书面的沟通能力 Apply Communication Skills
领导团队的能力 Lead Individuals & Teams
制订项目计划与建设项目组织的能力 Plan Projects
谈判和解决问题的能力 Perform Negotiations
客户关系管理的能力 Manage Client Relationships
开发项目交付结果并重用的能力 Develop Project Output for Future Reuse
应用已经存在的产品或资产的能力 Use Existing Work Products
拓展架构解决方案的能力 Develop Solution Architectures

续表 2.1

技能列表 Skill Sets
应用模型或原型开发的能力 Use Modeling Techniques
执行技术方案评估的能力 Perform Technical Solution Assessments
应用 IT 标准创建解决方案的能力 Apply IT Standards in Creation of Solutions
领导技术指导方向的能力 Lead in Setting Technical Direction
使用咨询技术的能力 Use Consulting Techniques
应用架构方法论的能力 Apply Methodologies
领导并指导解决方案整个生命周期的能力 Lead Strategy / Design / Implementation of Solution
安全战略解决方案的能力 Architect Solutions for Security
把客户需求变成架构解决方案的能力 Develop Client Requirements & Architectural Decisions
管理项目计划中架构元素的能力 Manage Architectural Elements of Project Plan
开发测试战略和测试计划的能力 Develop Test Strategies & Plans

以上这些技能都需要有志者在实际的项目运作和架构设计的解决方案中不断地锻炼、养成和提高。现举例说明一些关键的能力。

在培养领导团队的能力时,你可以在实际的项目工作中运用以往所学到的知识来带领技术团队去解决实际的技术问题,比如解决系统的性能问题、安全隐患问题、灾难恢复问题等。

在培养拓展架构解决方案的能力时,你可以在实际项目中多了解项目所在领域的商业和技术背景知识,并在实际的架构设计中应用更多成熟的架构设计模式和架构设计方法论,如应用架构概况图、架构部件(组件)模型图和系统运行部署图来逐层表述项目架构设计的解决方案。这些架构设计图会在本章 2.9.3 节“IBM 架构解决方案设计”方法论中进行详细阐述。

2.6 IT 架构设计的思维步骤

IT 架构设计的思维步骤涉及对客户实际需求或当前问题的分析,输出具体的架构设计和方案等多个环节。IT 架构设计要建立“见树又见林”的思维方式。以下是一些需要关注的具体要点:

(1)在客户的需求分析阶段,要了解客户的具体需求是什么,客户对以后所要完成的 IT 系统或产品的具体质量标准要求,以及客户当前 IT 环境的情况和相关约束等。

(2)在架构设计阶段,采用有效的方法或手段来制定架构设计的流程,并分解相关工作。要对架构的可行性进行充分度量和论证。准确地讲就是“要透过现象看到本质,透过行为看到规律”。

(3)在方案结果输出阶段,要设有完备的方案检测和校验过程,以确保方案的可行性和生命力,并且要对架构具体实施中出现的问题进行及时的总结和纠正。

架构设计的思考方法不是一成不变的,它具有循环性和往复性。在不断清晰项目的具体需求和技术实施办法的同时,渐进地完善可行的架构设计方案。可见架构设计也和项目管理一样具有渐进明细的特点。这就需要架构师在纷繁复杂的实际环境中具备理清项目实际需求的能力,并且能够通过综合分析来解决客户的实际问题。

一个好的架构设计思考方式往往可以把复杂的系统简单化、把需求模块化,并能建立、组合或破除系统模块的规则。要透过现象看到本质,研究出复杂系统构成部件(组件)之间的关联和每个部件(组件)的界限(Boundary)。一般的架构设计方法论都会谈到在架构设计中的每个部件(组件)之间最好是松耦合的。而且,架构的设计方案要具有可扩展性,以利于未来的产品或系统的扩容需要。比如服务器的可扩展性可以通过服务器的集群来实现，软件的可扩展性可以通过定义抽象类和接口封装来实现等。

我们可以回顾一下大学时代学到的软件设计知识和软件实施办法，来对以上架构设计思维步骤进行类比。大学中计算机专业的学生想必都学过一门叫“软件工程”的基础架构设计课程。软件工程是架构设计思维步骤的总结课程，通过系统工程的方法构建和维护高效的、实用的和符合质量标准的软件及其架构设计的学科。它涉及IT领域通常接触的基本部件，包括程序设计语言、数据库、中间件、软件开发工具、IT系统架构平台、软件设计标准和设计模式等方面。软件工程的知识可以应用到使用软件的所有行业，如电信、银行和政府部门等。在这些行业里都会雇佣懂得软件设计开发的系统分析员、软件设计师、系统架构师、程序员和测试人员等。

软件工程的目的是使所设计开发的软件产品能够满足客户的功能性需求、非功能性需求和软件设计的约束条件等。功能性需求就是软件的正确性，它指软件产品达到预期功能的程度。非功能性需求是指软件的稳定性、使用的安全性、可用性、易用性、容错性、可扩展能力和可维护性等。我们拿软件的可用性做例子，可用性是软件的最终用户对软件可用程度的衡量指标，比如说软件在全年可用性需要保证99.99%，即一个提供7×24小时服务的软件的全年非计划宕机的时间不能超过52.4分钟。除了功能性需求和非功能性需求，软件设计的约束条件也是软件工程所关注的一个要点。软件设计的约束条件包括软件的投入成本、现存技术的限制和对其他软件或工具的依赖等。比如软件公司对软件的研发只投入了10万元，这是对该软件的总体预算成本，也是软件设计的成本约束；相关软件研发的人员缺少研发该软件所必备的开发经验，需要开发人员在项目运作过程中花更多的时间去学习和掌握，这就是软件设计的技术风险约束。

对于软件工程活动来讲，我们可以把它理解为：为了成功完成一个最终满足用户需求的软件产品所定义的架构设计思维步骤及规范，具体的软件设计步骤包括软件需求分析、架构设计、编码实现、验证和测试，以及后期对软件的维护和支持等活动。需求分析是对客户需求的诠释，它要明确最终该软件或系统所要达到的功能点和客户对该软件的质量要求，如安全性、可用性和可扩展性等。架构设计活动一般包括概要设计和详细设计。概要设计更加侧重的是规划整个软件系统的体系结构，尤其是软件子系统或模块的划分、模块的接口定义和模块之间的关系等。详细设计是针对程序员编码时所需要建立的模块内部的具体属性、功能定义和数据结构的实现说明等，详细设计文档中可以包含伪代码进行关键逻辑的详细说明。编码实现是把架构设计的结果转换为可以执行的程序代码。验证和测试不仅仅是程序代码开发出来后的代码测试环节,其实它是贯穿于整个开发过程的,在整个开发过程中各个阶段的验证和测试环节完成了阶段结果的确认,以此来保证最终产品满足用户的要求。比如说在需求分析阶段产生出来的项目需求可行性分析报告也得被验证和测试其正确性和合理性。除此之外,项目的交付和早期的运维支持活动也是软件工程活动的重要环节,因为被开发出来的软件产品最终会被投放到生产环境并进入运营维护环节。软件产品的功能也是在运维的过程中不断地被修改和完善的。只有被妥善维护的软件才能够在稳健运行的过程中给企业和客户带来必要的商业价值。总而言之,软件工程的理论是贯穿于软件应用的整个生命周期的。

在软件应用的整个生命周期中,软件工程强调软件架构模式的复用、复杂问题简单化和软件产品的优化。软件架构模式的复用应该很容易理解,那就是重用软件开发前辈已经开发出来的成熟软件开发模式和开发代码,这也就是面向对象开发理念和编程语言产生的根本原因之一。软件如此,其实人类社会亦是如此。我们在此做一个类比,中华民族的文明成果难道不是5000年的文化基因的复用和再创造的产物吗?举个例子,老子和孔子的思想在2000年前就有了,我们现在的中国人都在潜移默化地复用他们的思想和做事准则。就拿本书的作者来说,我们每每想到孔子的“礼乐仁和”的思想假如能够在我们这个时代被最终实现,都会热血沸腾,并且我们希望用我们的一生去实现孔子的伟大理想。

软件除了要求复用之外,软件工程还强调把软件设计的复杂问题简单化,也就是所谓的分而治之。分而治之是指在软件设计过程中把一个非常复杂的问题分解成若干个简单的问题,再逐一解决。这个思想来源于人们对军事和生活经验的总结,比如孙子在《孙子兵法》就提到“分敌”的概念,孙子在《虚实篇》写到“故形人而我无形,则我专而敌分;我专为一,敌分为十,是以十攻其一也”。在中国近代的战争中,不也总结出“集中优势兵力各个击破”的作战原则吗?可见很多道理都是相通的。

软件工程强调的另外一点就是软件产品的优化。软件产品的优化更多强调的是软件的非功能性需求的完善和软件质量的整体提高,比如说如何提高软件的可用性、运行速度、用户界面的友好性,以及软件对运行该软件的服务器系统资源的消耗不断降低等。

2.7 IT架构设计的部件工具

IT系统架构(System Architecture)是一种包括软件和硬件部件的结构设计(Structure Design)。它描述了这些部件内部的逻辑结构、部件对外的接口属性和方法,以及部件之间的连接(Connection)和关系(Relationship)等。IT架构设计主要是对相关部件进行设计,即通过使用合理的IT产品、技术和部件工具制订方案来为客户解决商业运作的问题。

在具体的架构设计过程中,架构师通常使用统一建模语言UML来表述部件的内部结构设计和部件之间的关系。UML是OMG(Object Management Group)在1997年开发的基于图标式的软件设计语言,UML包括一系列图,它们有用例图(Use Case Diagram)、时序图(Sequence Diagram)、类图(Class Diagram)、合作图(Colloboration Diagram)、状态图(Statechart Diagram)、部件图(Component Diagram)和部署图(Deployment Diagram)等。

这些图大体划分为结构型图和行为型图两大类。结构型图描述了系统的静态结构,体现系统架构中已有的类及它们之间的静态关系。类图、部件图和部署图都属于结构型图。行为型图描述系统的动态性质及类元素如何协作产生满足架构要求的行为方式。用例图、时序图、合作图和状态图都属于行为型图。通常用例图、时序图和类图最为常用,以下是常用UML图例的具体介绍:

1. 用例图

用例图描述一系列的系统角色和使用用例及他们之间的关系。可以用来对一个系统的最基本的行为进行建模。用例图最重要的元素是参与者(Actor)和用例(Use Case),以此体现系统能够为内外部的参与者提供的功能。参与者是与系统交互的角色或系统,通常用小人表示。参与者既可以是系统的用户,也可以是和系统有直接交互关系的系统。用例通常用椭圆形表示,它的名称应该从参与者的角度进行描述,并以动词开头来清晰地表达用例的语义。图2.2是云计算平台管理系统的用例图举例。

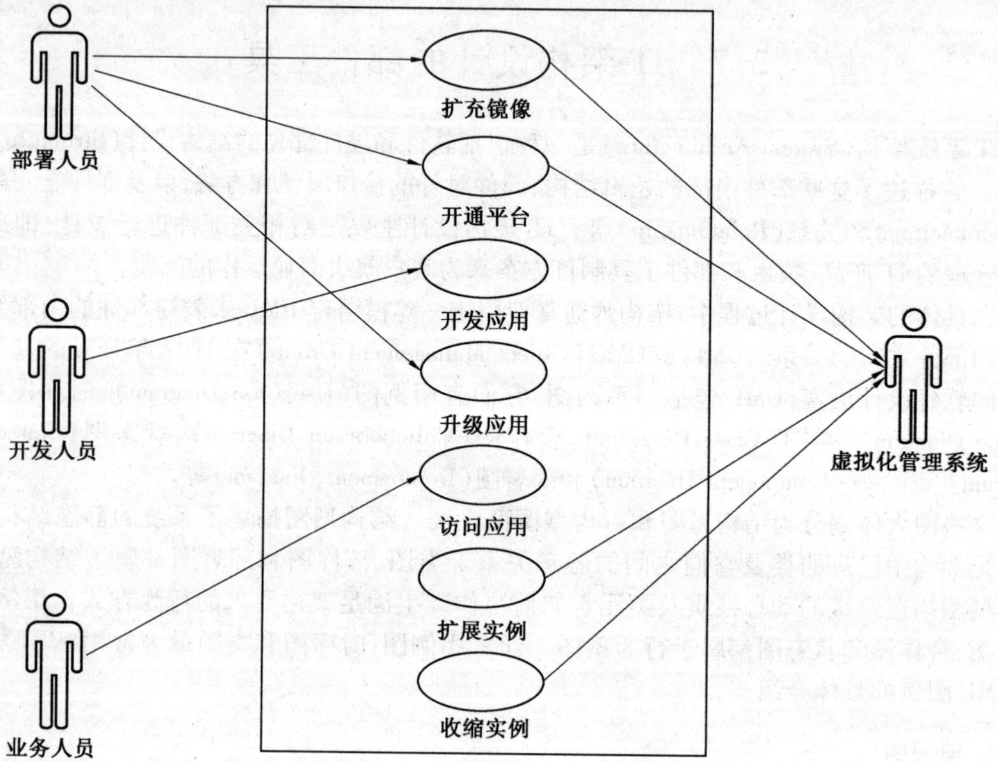

图 2.2　云计算平台管理系统的用例图

2. 时序图

时序图是一种相互作用图，描述不同对象之间信息传递的时序。时序图按照时间的顺序从上往下显示每个使用用例。在一个时序图中，垂直的虚线或实线叫作生命线，它代表一个对象存在的时间。每一个箭头都是一个调用，箭头一般从调用者对象链接到接收者对象的生命线上的激活条(Activation Bar)上。每个激活条代表调用所持续的时间。图 2.3 是服务器虚拟化的镜像管理时序图。

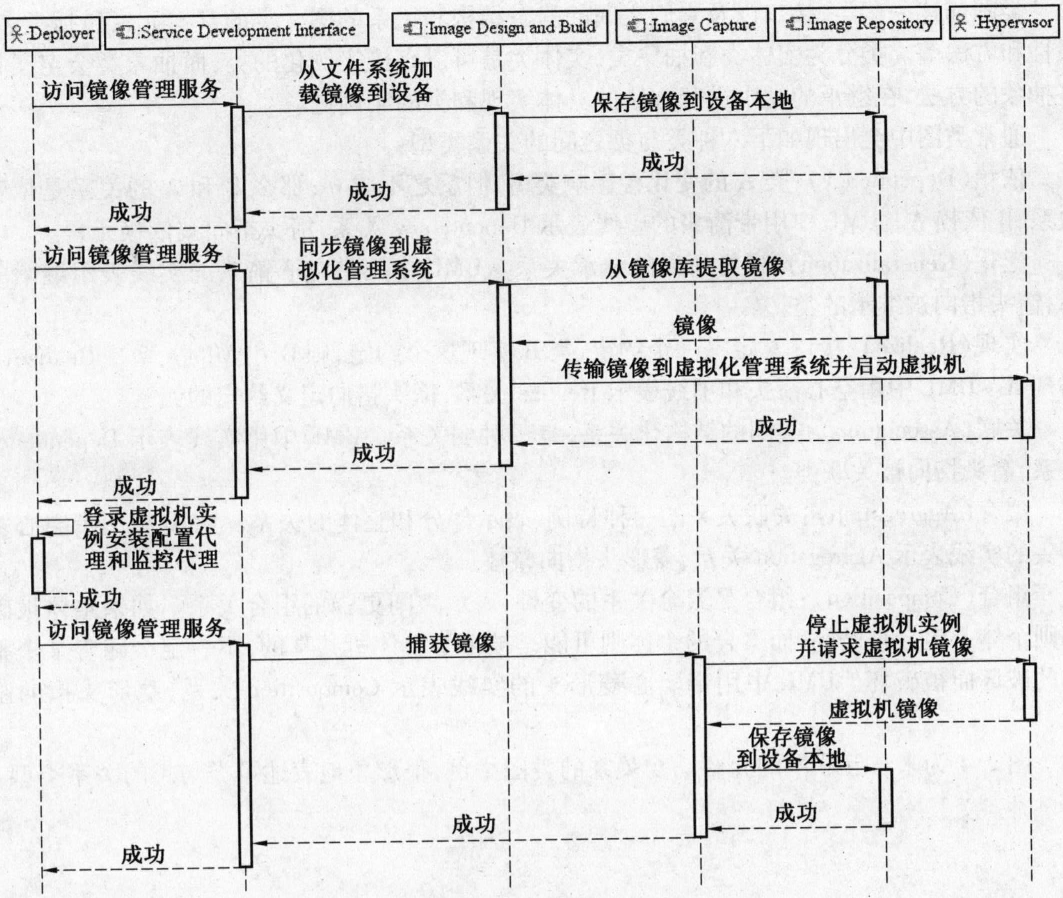

图 2.3　服务器虚拟化的镜像管理时序图

3. 类图

类图描述一些类、接口以及它们之间的静态结构和关系的图。类的基本元素包括类名、属性和方法等。类分为实体类和抽象类,实体类是可以直接实例化的类,而抽象类会定义很多抽象的方法,在继承的类中进行方法的具体实现和类的实例化。

通常类图中会出现如下六种类与类之间的关系类型:

依赖(Dependency):类 A 的变化会影响类 B,但反之不成立,那么 B 和 A 的关系是依赖关系,B 依赖 A。UML 中用带箭头的虚线表示 Dependency 关系,箭头指向被依赖元素。

泛化(Generalization):通常所说的继承关系。UML 中用带空心箭头的实线表示继承关系,箭头指向被继承的类。

实现(Realize):接口 A 定义一个约定,类 B 实现这个约定,则 B 和 A 的关系是 Realize,B 实现 A。UML 中用空心箭头和虚线表示 Realize 关系,箭头指向定义约定的元素。

关联(Association):类间的结构化关系,是一种弱关系。UML 中用实线表示 Dependency 关系,箭头指向被关联类。

聚合(Aggregation):关联关系的一种特例,表示部分和整体的关系。UML 中用带空心菱形头的实线表示 Aggregation 关系,菱形头指向整体。

组合(Composition):组合是聚合关系的变种,表示类间更强的组合关系。如果整体被破坏则个体一定会被破坏,而聚合的个体则可能是被多个整体所共享的,不一定会随着某个整体的破坏而被破坏。UML 中用带实心菱形头的实线表示 Composition 关系,菱形头指向整体。

图 2.4 为来自互联网的介绍动物关系的类图举例,很形象地表述了类与类的关系类型。

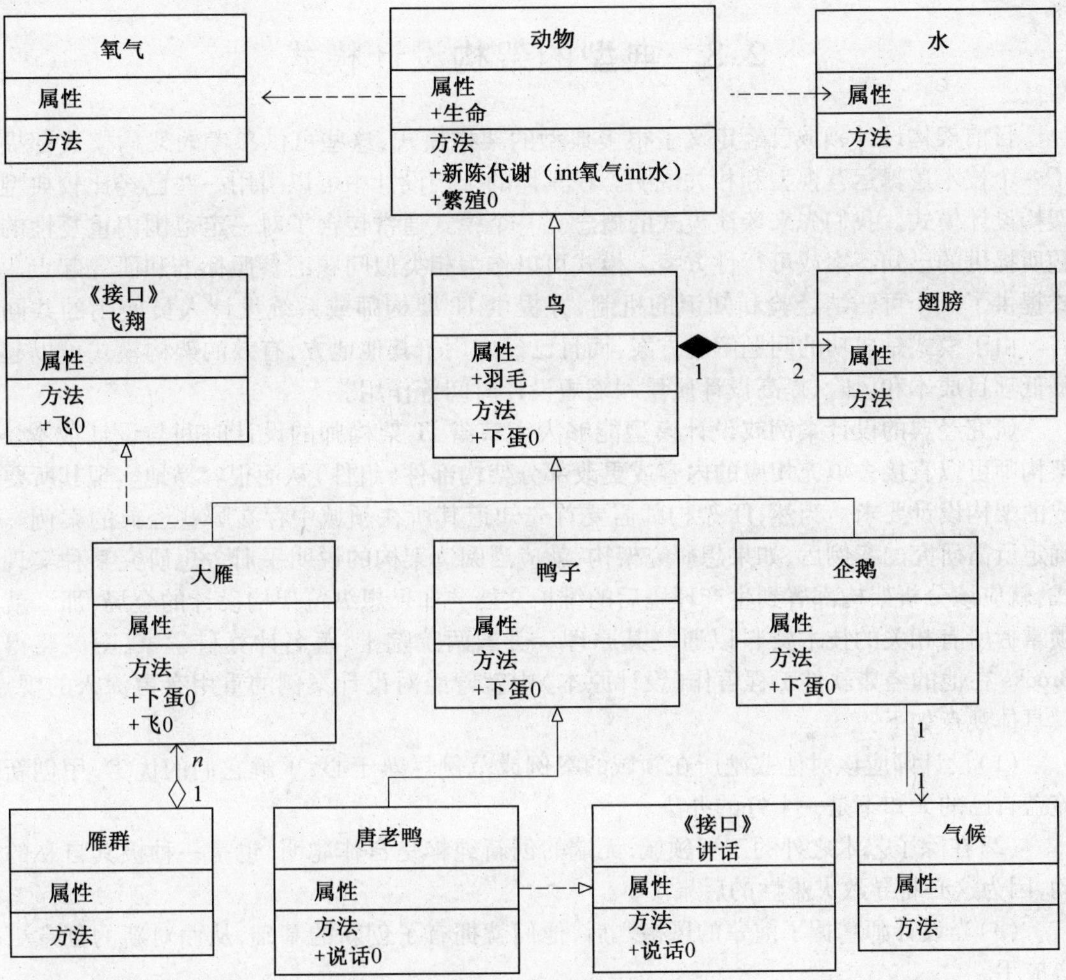
氧气
属性
方法
动物
属性
+生命
方法
+新陈代谢（int氧气int水）
+繁殖0
水
属性
方法
《接口》
飞翔
属性
方法
+飞0
鸟
属性
+羽毛
方法
+下蛋0
1
2
翅膀
属性
方法
大雁
属性
方法
+下蛋0
+飞0
鸭子
属性
方法
+下蛋0
企鹅
属性
方法
+下蛋0
n
1
1
1
雁群
属性
方法
唐老鸭
属性
方法
+说话0
《接口》
讲话
属性
方法
+说话0
气候
属性
方法

图 2.4　动物关系的类图

2.8 典型的架构设计模式

目前架构设计领域已经定义了很多典型的架构模式,这些可供参考的架构模式都提供了一个技术逻辑运营模型和相关说明。在具体的架构设计中可以引用一些已经比较典型的架构设计模式。我们先来谈谈模式的概念。一个模式通常包含了对一定范围内重复性的问题所提供的已知答案或可行性方案。模式可以作为相类似问题的参照标准和研究起点。模式提供了一个可归纳经验和知识的机制,并提供 IT 架构师或系统设计人员使用的共同语言。由于模式是成功的问题解决方案,而且已经应用于其他地方,有效的架构模式可以起到降低项目成本和风险、提高设计质量和缩短设计时间等作用。

研究经典的设计案例或设计模型能够大大节省 IT 架构师的设计时间与设计成本。IT 架构师可以直接去填充相应的内容或更改部分架构部件(组件)从而很容易地实现其所要完成的架构设计要求。当然,IT 架构师需要首先知道其所在领域中存在哪些经典的案例。当确定所需研究的案例后,如果想研究架构,就应当阅读架构的说明手册。想研究某种实现方式,就应该分析架构部署到生产环境后的维护文档。如果想纵览架构设计的全局,那么就必须掌握所有相关的技术资料以通晓其原理。美国两院院士、著名计算科学家、图灵奖得主 Brooks 在他的经典软件工程著作《设计原本》中就曾经对设计案例的重用有更深入的观点,其具体观点如下:

(1)设计师应该对他或她所在领域的案例或范例烂熟于心,了解它们的优劣,用创新来掩盖自己的无知不是一个好的办法。

(2)在除了艺术之外的工程领域,无端的创新纯粹是自作聪明,也是一种极其自私的举动,因为这必将导致灾难性的后果。

(3)当设计师掌握了前辈的风格之后,他们就拥有了创新的基础,从而对新的创意更得心应手。

总之,一个架构的参考模式是否使用得好,完全取决于是否真正理解具体参考架构的实质。为了更好地认识架构设计模式,以下介绍几种典型的架构设计模式。

2.8.1　电子商务模式

电子商务模式起始于商业领域,但与技术有着密切的联系。它是被已经证明可以重复使用的架构体系。电子商务架构模式定义了五种子模式,即商业模式(Business Pattern)、整合模式(Integration Pattern)、复合模式(Composite Pattern)、应用模式(Application Pattern)和系统执行环境模式(Running Pattern)。这些模式架起了商业和 IT 的桥梁。它们之间的关系如图 2.5 所示。

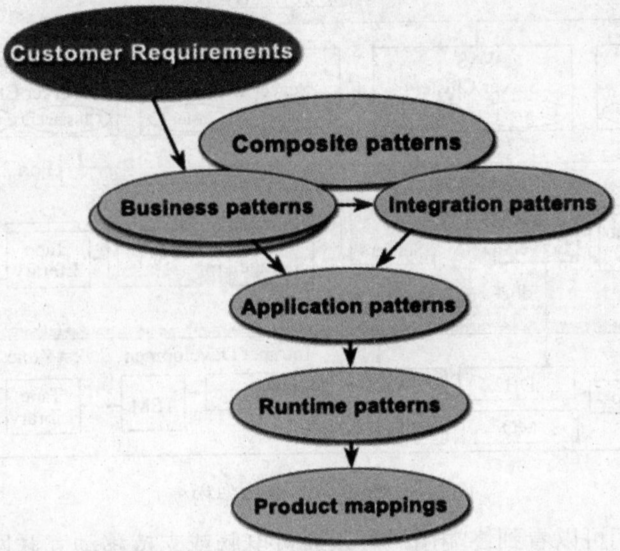

图 2.5　电子商务模式的内部关系图

通过图 2.5 我们可以了解到其实该电子商务模式就是试图把客户的业务需求分解成具体的模板,并落地变成产品或服务的具体方法。本章 2.10.1 节"电子商务解决方案"是对电子商务模式分解的具体落地实施案例。

2.8.2 数据中心整体架构模式

一个典型的应用 IBM 产品的数据中心整体架构模式如图 2.6 所示。

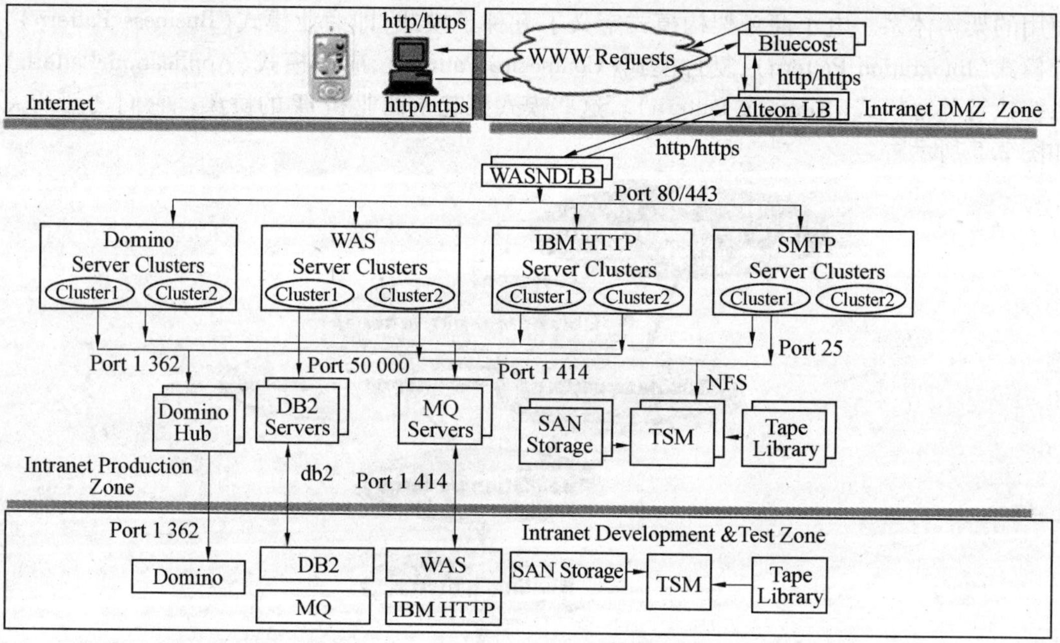

图 2.6 数据中心整体架构模式

通过图 2.6 我们可以看到终端用户可以通过电脑或支持移动互联网的手机来访问数据中心的互联网应用。用户的访问请求会通过 Blue Coat 和 Alteon 的网络设备来接入和处理实现。Blue Coat 设备提供了网络访问的安全控制、数据加速、数据重定向和数据过滤机制。Alteon 或 A10 设备提供对互联网应用请求基于硬件级别的负载均衡和请求代理的功能。IBM 的 WAS Network Deployment(ND)用来实现对来自互联网上的应用访问请求基于软件级别的负载均衡。在该架构模式中,我们还可以看到该数据中心提供了集群的 Domino 邮件服务、Websphere Application Server(WAS)中间件服务、IBM HTTP Web 服务、SMTP 服务和 IBM Tivoli Storage Manager(TSM)存储备份服务等。IBM TSM 可以提供对操作系统、软件和应用系统数据的备份和恢复功能，并把备份文件存储到相应的 SAN 存储或磁带库中。整个数据中心分为不同的网络安全访问区域，具体的网络区域包括企业内网的 DMZ 区域（Intranet DMZ Zone）、企业内网的生产系统区域（Intranet Production Zone）和开发测试区域（Intranet Development & Test Zone），并通过物理防火墙来隔离不同的网络区域。DMZ 是英文“Demilitarized Zone”的缩写，中文名称为“非军事化隔离区域”，DMZ 设立了一个内外网访问的缓冲区，直接参与内外网访问的 Blue Coat 设备和 Alteon 设备就设在这个区域里。除了 DMZ 区域外，数据中心对内网的生产环境和开发测试环境进行了有效的隔离，内网的生产系统区域承载的是所有的数据中心生产环境的应用或数据，而开发测试区域中的应用和数据主要为应用系统上线之前在此区域进行开发测试和功能验证之用。

2.8.3 数据中心接入访问架构模式

为了对数据中心的接入访问有更进一步的理解，一个应用 IBM 产品的数据中心的接入访问架构模式如图 2.7 所示。

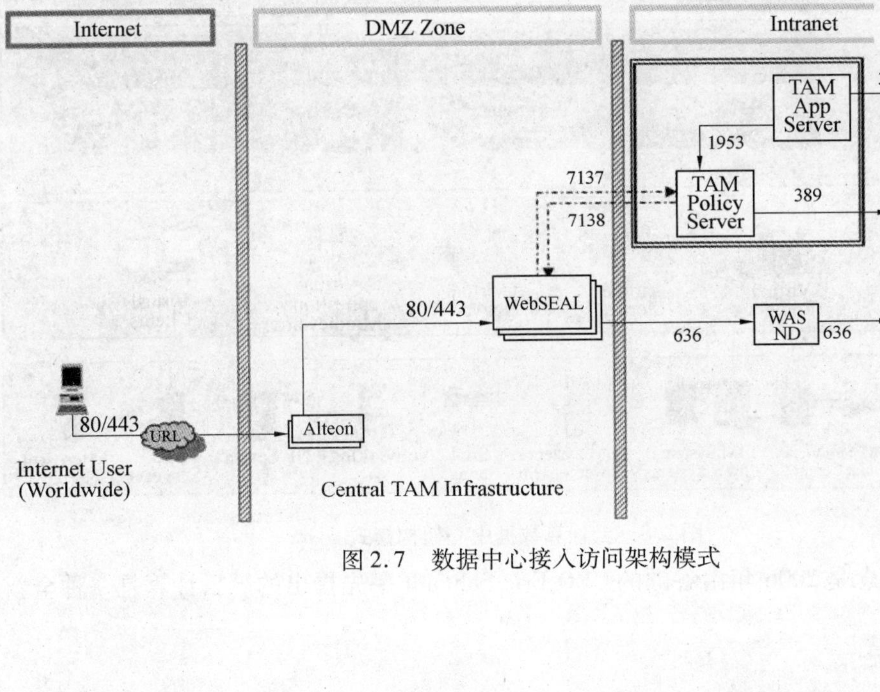

图 2.7 数据中心接入访问架构模式

在图 2.7 中，终端用户通过电脑访问数据中心的互联网应用。用户的应用访问请求会通过 Alteon 网络代理设备连接到负责数据中心集中访问和单点登录的 IBM WebSEAL 设备。WebSEAL 是负责管理并保护基于网页应用和资源访问的资源管控设备。WebSEAL 通常作为逆向 Web 访问代理，从 Web 浏览器接收 HTTP/HTTPS 请求并交付给后端应用服务器进行处理，并将最终处理结果返回给服务请求方。并且，凡是通过 WebSEAL 的 HTTP/HTTPS 服务请求，还会由 IBM Tivoli Access Manager(TAM)的访问安全策略服务器(Policy Server)进行授权评估，以确保仅为已授权的用户才能够访问所请求的资源。通过 IBM WebSEAL 和 IBM TAM 部件的协同工作，数据中心的访问安全得到了极大程度上的保证。

2.8.4 云计算数据中心的架构模式

图 2.8 是一个云计算数据中心的架构模式。

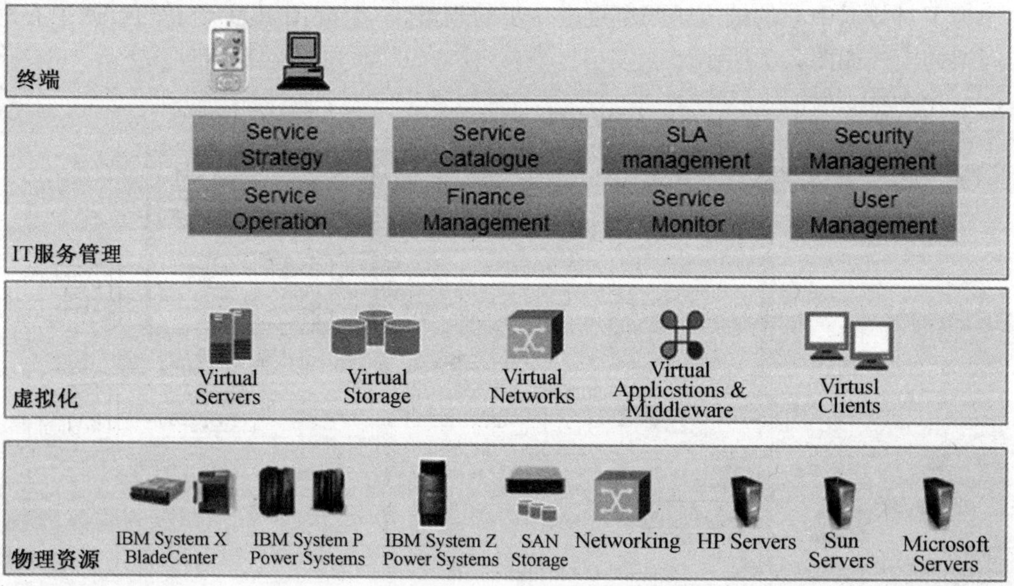

图 2.8　云计算数据中心架构模式

云计算的概念是 2006 年由谷歌的 CEO Eric Schmidt 率先提出的。云计算是一种全新的商业模式，云计算的核心是资源共享，共享的就是数据中心的软硬件资源。在图2.8中，数据中心的物理资源有IBM的X系列刀片服务器、P系列的小型机、Z系列的大型机、HP、Sun和微软的服务器、SAN存储和网络。在云计算数据中心中，我们可以采用目前比较流行的虚拟化技术对所有的物理资源进行虚拟化，虚拟化的目的是使IT资源更加标准化，以方便资源的共享和动态按需分配。可以虚拟化的资源包括服务器、存储、应用和中间件平台、网络资源和用户桌面等。对服务器虚拟化，分为一虚多和多虚一两种。一虚多是以VMWare和Citrix为代表的单机虚拟化，即通过底层系统管理平台Hypervisor把一个物理服务器分割成多个虚拟机来使用。多虚一是以谷歌为代表的，通过Apache Hadoop、GFS和MapReduce等技术把多台物理机器联合起来当成一个机器来使用。Apache Hadoop可以实现对多节点集群服务器的控制和管理，Hadoop通过强大的作业调度机制实现高性能的基于海量数据的分布式处理框架。GFS是谷歌的分布式并行文件系统，是一种快速并行数据存取技术。

MapReduce主要是通过"Map(映射)"和"Reduce(简化)"两个步骤实现并行的数据处理，在并行的处理过程中应用类似ZooKeeper的守护进程保证处理的高效性和过程的完整性。

业界有很多厂商都在提供云计算和虚拟化服务，最著名的要数亚马逊、谷歌和IBM。

亚马逊的云计算数据中心通过Amazon Web Service(AWS)云平台提供服务器的租赁服务，AWS主要是提供基础设施即服务(Infrastructure as a Service)的云计算平台，该平台上通过Amazon EC2(Elastic Compute Cloud)提供计算服务，通过Amazon S3(Simple Storage Service)提供存储服务，通过Amazon SimpleDB和BigTable提供数据库服务。目前包括Facebook在内的很多应用和游戏软件部署在AWS上，并且Amazon开放云平台开发接口，开发人员可以基于Amazon提供API来编写应用程序并很容易地部署到AWS上。

谷歌在自己的数据中心上搭建Google App Engine(GAE)云平台，提供包括Google Mail、Google Map和Google Docs等5万多种应用供全世界的网民使用。近些年谷歌推出的Google无人驾驶的汽车和Google眼镜引领了新一轮的IT科技潮流，这些新兴产品也代表了谷歌的强大IT创新能力。

IBM涉足云计算应该是从2007年开始的，并在同年推出IBM第一个云计算商业解决方案——蓝云(Blue Cloud)。IBM的云计算数据中心更多的是使用IBM自己的产品。比如数据中心的物理层会使用IBM的X系列和P系列的服务器。通过VMWare ESXi软件在IBM的X系列的服务器上建立基于Windows和Linux的虚拟机，在IBM的P系列的物理服务器上应用虚拟 IO 技术(VIO Server)建立基于云计算的云操作系统平台。IBM 的硬件控制台(Hardware Management Console)被用来动态地创建和维护逻辑分区(LPAR),并在 LPAR 上安装 IBM 自己的 AIX 操作系统。VMWare 的 vCenter 被用来集中管理建立在 VMWare 上的虚拟机。IBM 通过运用自己品牌的 IT 服务管理软件 Maximo 来对数据中心日常所发生的系统故障、问题和变更进行管理。IBM 的系统监控软件 Tivoli Monitor 被用来对整个数据中心的软硬件进行监控和事件管理。IBM 的存储备份软件 Tivoli Storage Manager(TSM)被用来提供对数据中心的操作系统、应用软件和数据的备份恢复功能。2012 年 IBM 开发出一个基于 ITIL 服务管理生命周期对数据中心进行管理的平台——Smart Cloud Enterprise(SCE),它提供了对数据中心的整个服务生命周期进行管理。IBM 于 2013 年收购了云计算平台供应商 SoftLayer,从而更加确定了 IBM 在企业级云计算交付市场的领导地位。

另外,通过图 2.5 我们可以看到在数据中心中被虚拟化的物理资源最终要被用来提供服务给终端企业或用户,并且数据中心要对整个服务的生命周期进行管理。管理内容可以参照 ITIL 服务管理最佳实践的具体要求,例如服务战略、服务目录管理、服务级别管理、服务安全管理和 IT 服务财务管理、服务运营、服务监控和用户访问管理等。通过先进的云计算虚拟化技术和有效的 IT 服务管理,终端企业或用户可以真正实现对数据中心所提供资源的按需和快速获取。这种先进的数据中心架构模式也大量减少了数据中心管理人员的运维负担,并大大提高了数据中心资源的使用效率和资源调配的灵活度。

2.8.5 物联网的架构模式

云计算是物联网的后台运行中心,物联网是未来云计算数据中心能管理的终端节点所存在的物理范围的统称。物联网技术是目前 IT 业界非常热门的话题,最早提出这个概念的是美国麻省理工大学的 Ashton 教授,他是在 1999 年在研究 RFID 技术时提出来的。原先的物联网只是指基于 RFID 技术的物联网,随着 2005 年国际电信联盟(ITU)重新定义了物联网的概念,自此物联网的覆盖范围有了较大的拓展。按照摩尔定律(Moor's Law)的说法,支持数据中心的信息通信芯片上可容纳的晶体管数目每隔 18 个月会增加一倍,这就预示着未来云计算数据中心必将全面支撑更多的物联网业务的处理能力。IBM 的前 CEO 郭士纳也曾提到计算模式每隔 15 年发生一次变革。正像我们感知到的那样,1980 年个人电脑的普及,1995 年互联网方兴未艾的发展,而 2010 年之后移动互联网和物联网又开始全面改变我们的生活和工作方式。

物联网的英文定义是 The Internet of things，简称 IOT。我们可以根据它的字面定义很容易了解到物联网就是“物物相连的互联网”。这里面会有两个层面的含义。

第一层含义，物联网的核心和基础仍然是 Internet 互联网，它只是在互联网基础上的延伸和网络的扩展。

第二层含义，终端用户可以把它的访问从互联网延伸和扩展到任何物体与物体之间，进行信息的交换和通信。

物联网的标准定义是通过射频识别（RFID）、红外感应器、全球定位系统（GPS）、激光扫描器等信息传感设备，按照约定的协议把任何物体与互联网相连接，进行信息交换和通信，以实现对物体的智能化识别、定位、跟踪、监控和管理的一种网络。

物联网的具体应用可以通过 RFID 技术对各种资产（Assets）的定位和管理、携带无线终端的个人与车辆的监控，通过各种无线或有线的长距离或短距离通信网络实现互联互通等。物联网的具体实现功能有个性化的实时在线监测、定位追溯、报警联动、远程控制、远程维保等服务管理功能，实现对“万物”的“高效、节能、安全、环保”的“管、控、营”一体化。

图 2.9 是一个物联网的架构模式。

图 2.9 物联网的架构模式

物联网的架构模式一般分为感知层、网络层和应用层。

感知层是指通过识别采集技术对世间各种物件的全面感知，比如 Barcode、二维码和 RFID 都是我们耳熟能详的感知解决方案。RFID 技术的研究开始于 20 世纪六七十年代，美国通用汽车公司率先在其汽车生产线上采用此技术，美国的国防部和世界的零售巨头沃尔玛公司在 21 世纪初对其商品包装箱都有明确的需要安装 RFID 的需求。未来 RFID 的应用将无处不在，而支持全新网络地址规范 IPv6 的全面实施将彻底解决物联网推广过程中的 IP 地址短缺的瓶颈。

网络层是通过五花八门的有限和无线通信网络将感知和采集到的信息进行可靠的处理和传递。以 IEEE 802.15.4 技术为代表的无线传感网技术有其固有的优点，例如终端功耗和架设成本低等。但是也有其固有的缺点，例如传输距离近，无法支持大规模大地域部署等。同时以 GPRS/3G/4G 为标志的广域无线技术也已经被广泛应用于如车辆跟踪，环境监控等需要跨越较大地理范围，或者目标移动的物联网场合。但是广域无线技术也有其固有的局限性，例如终端耗电大和通信费用高等。构建一个可供多个物联网应用共享的物联网网络平台将是未来的趋势，其特点是可以兼容多种传感网，及无线广域网技术，同时又可以为物联网应用开发者提供一个开放的、可扩展的、低成本的和端到端的网络基础设施。

应用层是物联网的应用平台。当物联网发展到一定程度，会像互联网和云计算一样，涌现出大量新型增值应用。这时为每一个物联网应用建立一个完整的运行支撑环境就变得不太经济。所以这时就会出现专门的物联网应用运营商，他们提供一整套物联网应用托管平台，可以为大量的物联网应用提供一个服务平台，大大降低物联网应用的运行成本。在物联网应用平台上最受关注的应用包括 Smart Grid（智能电网）、Telehealth（远程医疗）、Smart Traffic（智慧交通）和 Smart City（智慧城市）等。比如智能电网是在通信网络基础上通过先进的传感和控制技术实现物理电网的高效和互动的电力供应和增值服务，优化电力资源配置，确保电力供应的安全性、可靠性和经济性。相关 IT 巨头都积极地参与该领域，比如美国的思科公司全面进军物联网的数据传输领域，而 IBM 则更加关注物联网的数据应用和分析领域，尤其是物联网在能源、化工和汽车工业的应用投入更为突出。物联网通过智能感知、识别技术与普适计算、泛在网络的融合应用，被称为继计算机、互联网、云计算和移动互联网之后世界信息产业发展的新浪潮。

总之，模式提供一个归纳经验和知识的机制。作为 IT 架构师，需要详细了解模式的内部关系后才会更加有效地对其进行重用。并且，要深入了解每个模式所能提供的具体环境要求和模式本身的应用限制。

2.9 架构设计方法论

2.9.1 Zachman

Zachman 框架,全称为企业架构和企业信息系统框架(Zachman Framework for Enterprise Architecture and Information Systems Architecture),该框架是第一个最有影响力的企业级框架方法论,它是由约翰·扎克曼(John Zachman)在 1987 年为强调信息系统架构对未来企业管理中不可或缺的作用而提出的。目前该框架是全球第一个企业架构框架,也是国际上最为权威的企业 IT 架构规划模型。在 20 世纪 90 年代以来已经成功开始指导众多企业的 IT 架构的规划工作。扎克曼本人因此也被誉为企业架构之父。扎克曼的论文《信息系统架构框架》至今仍被业界认为是企业架构设计方面最权威的理论。

图 2.10 所示的是 Zachman 总体架构框架图。

		WHAT 数据	HOW 功能	WHERE 网络	WHO 人员	WHEN 时间	WHY 动机
规划者	范围模式	业务事项	业务过程	业务地点	组织	重要事件	目标战略
企业管理者	企业模式	语义模型	过程模型	逻辑模型	工作流模型	总进度表	业务计划
所有者	系统模式	逻辑数据模型	应用架构	系统架构	接口架构	处理结构	业务规则模型
设计者	技术模式	物理数据模型	系统设计	技术架构	界面架构	控制结构	规划设计
构造者	部件模式	数据定义	程序	网络架构	安全架构	时间定义	规则实现
运维者	运维模式	数据	功能	网络	组织	进度	战略

图 2.10 Zachman 总体架构框架图

Zachman 总体框架是一个综合性分类系统，它通过 6 行×6 列的分类矩阵，把企业架构所涉及的基本要素划分成 36 个单元(Cells)，并清楚地定义了每个单元中的部件内容、模型、语义和使用方法等。该架构框架的纵向维度反映了 IT 架构的层次关系，从上到下(Top-Down)具体包括范围模式、企业模式、系统模式、技术模式、部件模式和运维模式。

(1)范围模式关注的是企业的未来发展方向、业务宗旨和系统的范围边界等问题。范围模式是企业的规划范畴，定义组织方向、目的以及架构工作的边界。

(2)企业模式关注企业的本质和业务发展计划。企业模式是企业的管理范畴，定义组织的具体发展计划。

(3)系统模式关注应用系统架构、逻辑数据模型和业务处理所要完成的功能。系统模式是系统所有者的范畴，以明确应用系统自身的架构和功能模块定义，以及不同应用系统之间的调用关系。

(4)技术模式是通过技术架构和模型来解决企业业务信息的处理。技术模式是系统设计者和项目架构师的范畴，从更加技术的角度来诠释系统提供的功能架构和物理数据模型。

(5)部件模式关注部件的具体处理细节，所涉及的部件可以是数据库、存储表空间和网络状况等。部件模式是系统的构建者和实施方的范畴，它定义应该采取怎样的技术手段和系统平台来使技术模型更加具体地实施。

(6)运维模式关注系统功能的具体落地和运行维护的实现要求。运维模式是系统的运营和维护人员的范畴，它指导应用系统的部署实施和后期的应用系统如何运维管理。

与之相对应的，该架构框架的横向维度分别是什么(WHAT)、如何做(HOW)、什么地点(WHERE)、和谁(WHO)、什么时间(WHEN)和为什么(WHY)，简称 5W1H。为了进一步细化 5W1H 的理念，Zachman 框架分别通过数据(DATA)、功能(FUNCTION)、网络(NETWORK)、人员(PEOPLE)、时间(TIME)和动机(MOTIVATION)对应回答 WHAT、HOW、WHERE、WHO、WHEN 和 WHY 的问题。值得注意的是架构框架的每一列中的内容是自顶向下不断演化和具体的产物，在每一行中的具体模式内容彼此之间保持相互一致和协同的论述观点。

Zachman 架构框架的主要优势是明确地展示了企业架构需要考虑的许多观点以及需要研讨的问题范围。应用 Zachman 框架进行企业级的 IT 规划和目前比较流行的 TOGAF 和 IBM 架构解决方案方法论的具体实现步骤及阶段是非常相似的。TOGAF 和 IBM 架构解决方案方法论会在接下来的章节进行具体介绍。现介绍 Zachman 的参考步骤如下：

(1)确定企业组织的IT架构愿景、目标和实施原则,识别IT架构相关需求。

(2)IT现状描述分析,识别现有IT系统对业务支撑上存在的问题。

(3)目标架构定义,包括企业服务、应用、数据和基础设施架构。

(4)目标架构和现状的差距及改进点分析,把分析的结果作为具体的IT需求的输入。

(5)对IT架构的改进点的需求进行优先级排序。

(6)制订IT架构的实施计划,具体包括向目标IT架构迁移的具体实施计划和实施的组织的职责定义。

(7)制订目标IT架构的持续改进计划和确定IT架构落地实施后的运维管理机制。

2.9.2 TOGAF

IT业界有一个开放性的架构体系标准——TOGAF(The Open Group Architecture Framework)。

TOGAF是一个行业标准的体系架构框架,是由欧洲共同体的IT协会THE OPEN GROUP为开发企业架构而提供的一个详细的方法和相关支持资源的集合。该协会的会员目前遍布世界各国,主要的会员包括英国国防部等政府部门,以及IBM、惠普、波音、日立和金蝶等企业。TOGAF自1995年发行第1版开始,截至2009年已经成功推出第9版,即TOGAFv9.0。由于TOGAF是一个跨行业的、开放的免费架构框架,所以在全球得到了广泛的使用。

TOGAF可以被企业或IT服务提供商拿来作为很好的架构参照标准。自20世纪90年代中期以来一直在发展,TOGAF是一个架构标准,有助于系统架构的接受、改进和重用。TOGAF包含其架构开发方法(Architecture Development Method, ADM)和架构资源库。TOGAF的ADM和在本书服务战略的需求管理章节中提及的IBM架构解决方案方法论有着异曲同工之妙,它们都是对架构设计生命周期的完美阐述。目前IBM公司内部认证的架构师和TOGAF认证的架构师是可以相互承认的,这一点更能证明两个组织的架构设计方法论彼此的相关性。

TOGAF的ADM架构图如图2.11所示。

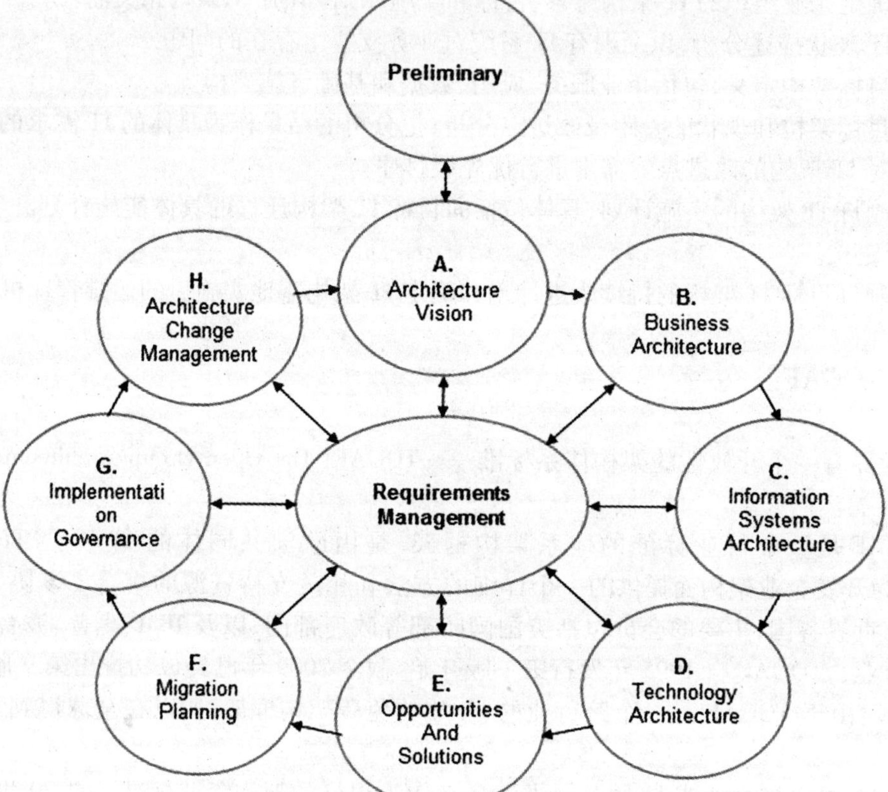

图 2.11　TOGAF 的 ADM 架构图

ADM 是一个开放的、行业公认的、可靠的、用于开发满足业务需要的企业架构开发方法,提供企业获得具体架构体系结构的方法论。该体系架构的方法论阐述架构开发的各个阶段,包括预备阶段在内一共有九个阶段。各阶段的详细描述如下。

1. 预备阶段(Preliminary)

架构框架初始化的过程。一个架构框架是一个工具包,可以用于开发范围广泛的不同架构。ADM 的预备阶段提供了架构设计的起点。这个阶段需要准备的工作包括了解业务环境、获得高级管理层的承诺、需求范围的确定、架构设计原则和方法的确立、明确企业当前的IT治理结构。

2. 阶段A:架构愿景(Architecture Vision)

创建架构愿景,验证系统上下文(System Context),创建架构工作说明书(Statement Of-Work)。启动一个架构过程的迭代,设置架构周期中每次迭代的工作范围、期望和可能的限制等内容。

3. 阶段B:业务架构(Business Architecture)

阐述业务的组织结构和组织如何满足业务目标。业务的基本组织信息包括业务所对应的业务流程和人员信息,以及业务流程、人员和系统上下文之间的关系。

4. 阶段C:信息系统架构(Information Systems Architecture)

说明IT系统如何满足企业的业务目标,确定数据和应用架构的优先级和信息处理决策等。

5. 阶段D:技术架构(Technology Architecture)

细化IT系统的技术部署方案,方案中应包括IT系统落地到生产环境的硬件设备的容量和网络环境的访问控制要求。

6. 阶段E:机会及解决方案(Opportunities and Solutions)

进行初步的实施计划,确定主要的实施项目和项目的优先级。决定项目中软件的选择途径,是购买、外包,还是自主开发。

7. 阶段F:迁移规划(Migration Planning)

确定项目履行的成本效益分析和风险评估,开发一个详细的实施和迁移计划。

8. 阶段G:实施治理(Implementation Govemance)

提供实施的架构监督,定义实施项目的架构约束和限制,检测实施工作的符合性,实现商业价值。

9. 架构变更管理(Architecture Change Management)

提供持续的监测和变更管理流程,确保架构的变更遵循既定的变更管理流程。监测业务的容量需要,提供敏捷的架构满足动态的业务需要。

以上架构开发的九个阶段阐述的是整个架构开发的生命周期,而生命周期的源头就是需求管理流程。所有的阶段都是围绕着需求管理展开的,即通过每一个阶段来逐步验证业务需求。需求管理流程是 ADM 方法论的核心,解决需求的识别、保管和交付。

2.9.3 IBM 架构解决方案设计

IBM 在公司的架构师在架构设计过程中会遵循 IBM 内部的架构解决方案方法论,图 2.12是 IBM 架构解决方案方法论的图例。

图 2.12 IBM 架构解决方案方法论

该方法论的版权归 IBM 所有,它强调实现客户价值的具体环节如下。

1. 理解客户的业务和需要(Understand Client's Business and Needs)

具体的理解范围包括客户的业务发展方向(Business Direction)、当前组织结构(Current Organization Description)、当前 IT 环境(Current IT Environment)和标准约定(Compliance Standards)。

2. 探索方案和方法(Explore Options and Approach)

方案和方法包括项目定义(Project Definition)、系统上下文(System Context)、主题模型(Subject Area Model)、功能性需求列表(Functional Requirement Matrix)、非功能性需求(Non

Functional Requirement)、用例图(Use Case Diagram)、架构决策(Architectural Decisions)和可行性评估(Viability Assessment)。

3. **开发并与客户确认解决方案**(Develop and Agree to Client Solution)

解决方案包括应用架构概况图(Architecture Overview Diagram)、架构部件(组件)模型图(Component Model)和系统运行部署图(Operational Model)。

架构概况图是提供目前系统要实现的总体架构或被开发的应用软件的功能范围等。架构概况图可以用作与所有项目相关的干系人进行沟通的很好的依据。大家都基于同一个方案架构来讨论和解决问题,可以统一项目干系人对项目解决方案的认识,使用架构概况图在加快项目实施过程的同时起到了降低方案风险和项目成本的作用。

架构部件(组件)模型图是描述架构中每一个部件或组件的准确职责范围、内部的部件或组件规范、逻辑结构和功能实现细节,以及与其他部件内在和外在的接口关系。这种部件或组件关系可以包括部件或组件的接口定义、技术的相互依赖与限制、部件或组件之间的交互或协同工作要求等。架构部件(组件)模型图具体表现形式可以是UML的时序图、类图、合作图和状态图等。

系统运行部署图提供宏观的系统逻辑或物理的运行架构,帮助理解整体系统是如何满足业务需求的。在具体的系统运行部署图里,阐述支持系统功能上线安装的软件和硬件产品的选型。例如,系统是如何部署和物理连接的,系统的非功能性需求是如何满足的等。我们可以认为系统的运行部署图是系统的需求和技术实施方案之间的桥梁。

4. **执行客户的解决方案**(Implement Client Solution)

应用项目管理的最佳实践,确保解决方案落地成功。

5. **确认客户的价值的体现**(Confirm Client Value and Experience)

确保客户的价值能够达成,并创造新的可能的商业机会。

2.9.4 通用架构描述框架

视图和视点是架构设计的关键概念,也是通用架构描述框架的核心内容。美国电气和电子工程师协会(IEEE)对视图和视点有如下的标准定义。

视图(View):把整个系统看作是一组相关关注点的一种表示法。

视点(View Point):构建和使用一个视图的一个传统规范。通过确定视图目标和拥护者及确定创建和分析该视图所用的技术来开发不同视图的模式或模板。

一个架构描述是通过一个或多个视图来组成的,一个视图代表的是被设计的系统实体在某个特定方面的简化架构展示。一个视图符合一个视点,视点是用于构建一个视图的常规说明书。可以利用视点确定一个视图的目标,明确特定用户的需要和技术分析细节。通过视图和视点的独特视角对系统架构进行分解可以有效地管理系统的复杂性,并且针对特定方面的具体架构和利益相关方如客户进行进一步交流。这些都是视图和视点存在的意义。

视点一般分为基础视点和交叉视点,我们会分别对其进行详细说明:

①基础视点包括需求视点、功能视点、部署视点和验证视点。需求视点的目的是为形成系统需求的说明要点,一般需求要点会包括系统的功能性需求、非功能性需求(系统质量的要求)和系统约束条件等。需求视点的要求和本书第 1 章服务战略中提到的需求规格说明书的要求是一致的。功能视点的目的是关注系统功能型的元素,如系统部件描述、部件间的关系和行为活动等。部署视点的目的是关注系统具体部署的元素,如系统的部署节点、设备选型和设备节点之间的安全访问关系等。验证视点的目的是确保系统提供必需的功能、展示非功能或质量的满足和适应预先定义的约束条件提供一个说明。

②交叉视点更多的是对系统的非功能性需求进行详细视点划分,通常包括应用视点、基础设施视点、系统管理视点、可用性视点、性能视点和安全性视点。应用视点的目的是关注提供解决方案中特定的应用行为,即系统必须提供以满足它的业务需求的行为。基础设施视点的目的是关注支撑应用行为的基础设施的能力满足,包括服务器处理能力、存储容量和网络带宽等要求的满足。系统管理视点的目的是关注系统部署到生产环境后有助于操作运行的架构元素的要求,如在系统的部署节点提供监控代理的服务,以满足系统故障发生时监控告警的需要。可用性视点、性能视点和安全性视点都可以归纳为是系统服务级别的范畴,

如系统要遵循的可用性级别(如99.99%)、系统的性能要求(如操作的响应时间在1秒以内)和系统需要遵循生产环境的安全策略等。

图2.13列出各种视点的架构描述框架。

基础视点

交叉视点

	需求视点	功能性视点	部署视点	验证视点
应用视点				
基础设施视点				
系统管理视点				
可用性视点				
性能视点				
安全性视点				

图2.13 架构描述框架

以上框架中每个视点的描述应包括下列条目:

(1)描述:该视点的概要描述。

(2)利益相关者关注点:该视点处理的利益相关者的关注点。

(3)利益相关者:该视点处理的利益相关者。

(4)工作产品:由该视点定义的视图所引用的工作产品。

(5)技术要素(可选):应用该视点时引用的技术要素。

(6)举例说明:一个或多个例子。

(7)检查列表:当需要检验和确认架构或与利益相关者一起复审架构时可以考虑的一个或多个问题。

架构师在做架构设计时可以通过对架构描述框架进行必要填充来分解架构设计的关注点和工作产品,实现架构的最终交付设计。

2.9.5 敏捷开发方案设计

无论是 Zachman、TOGAF 还是 IBM 架构解决方案设计更多的是上到战略下到运营的一体化的通盘考虑,其中不乏设计管控和过程文档的细节要求。随着移动互联网对传统行业的冲击,软件业越来越多的人认同小步快走不断试错的设计和开发理念。一个互联网公司针对设计过程的口号是“打造精品、广种薄收、快速试错”,由此可见以快速迭代模式为代表的敏捷开发是服务设计方法论中不可小觑的分支体系,也是我们需要特别需要理解和关注的。

敏捷开发强调个体交互、客户合作和快速响应变化,不太强调面面俱到的文档、循规蹈矩的计划和过程控制。敏捷开发是通过尽早地、持续的交付有价值的软件来达成客户的满意度。软件的交付是采取迭代的方式,每次交付的间隔可以从几个星期到几个月。在整个项目开发期间,业务需求人员和开发人员必须天天都在一起工作。通过站会、反思会和面对面的交谈等方式开展有效沟通。可以工作的软件是首选的进度度量标准。

迭代的需要来自于软件的不确定原则(Uncertainly Principle),在软件项目和过程中不确定成为必然。不确定性主要来自动态的需求变化,我们需要迭代地迎接需求的挑战。这也预示着在执行敏捷开发的过程中不可能严格遵循预见性计划(Predictive Planning),还需要考虑自适应的计划(Adaptive Planning),即计划的详细程度和相关约定要更轻量和更灵活。著名的软件工程领域的专家 Frederic Brooks 就有一个著名的论断,那就是软件开发中“No Silver Bullet(没有银弹)”,他还在美国的期刊上对迭代开发的实践和效果上提出了肯定。

敏捷开发的一个重要分支体系是 Scrum,Scrum 旨在寻求充分发挥面向对象和构件技术的开发方法,是对迭代式面向对象方法的改进,名称来自英式橄榄球比赛中的场景,在比赛中每个队员都应时刻保持对场上全局的判断,然后通过集体行动,奋力实现同一目标——胜利。Scrum 极力倡导自我管理的团队、团队的日常考核以及避免预设性过程。

针对敏捷开发的方案设计,当需要编写功能性需求时也会考虑到其他设计方法论中提到的用例图(Use Case),用例图具有将一组需求综合在一起的优势,可以很好地呈现用户具体使用软件产品的上下文。在需求规格说明书中,关于用例图的书写详细程度,敏捷开发和传统的瀑布式开发的要求是相当的,那就是针对用例工作的真正意义不是简单地画一张 UML 用例图,而是书写详细的用例文本。在非功能性需求方面也不能在质量需求的细节上敷衍了事、含糊不清,这些质量需求包括并发负载均衡、响应时间和易用性等。这些质量需求的大部分都需要量化,通常配有必要的测试。有一种说法叫作“测试即需求”,就是把测试人员当作第一批客户来对待,并通过模块化和自动化测试等手段达成对需求的验证和测试的目的。

一个实用的敏捷需求技巧是用纸、笔、简易便签(Sticky Notes)等在墙上做出软件界面的原型以及相关的导航模型。比较通用的导航模型的展示方式是UML的状态图。对于需求或者架构设计,另一个快速并支持协作的技术是团队轮流编写(Rotation Writing)。N个人围坐成一个圈,每人有一台笔记本电脑。每过五分钟或十分钟,他们依据最近的主题(需求或任务)写下一些注释。然后,他们停下来,将自己的电脑传递给邻座的人,这样每个人接到另一台电脑。每个人从审核不熟悉的材料开始,然后,从他们看到的新思路中获取灵感,并强化它。轮流编写工作一直持续到每个人都在每一台电脑上工作过。会议结束后,安排一个人汇总所有的文档,并且将这些思路进行分组与合并;然后,在第二次会议上,整个团队将共同审核和精华这些思路。

在敏捷开发中弱化了架构设计环节,软件开发人员可以通过需求分析文档来开始代码编写。那如何保证软件开发的代码质量呢?敏捷开发强调“团队协作”精神,并发明了“松结对编程”的方法。该方法提供了一种有别于两个人同时编程的“结对编程”。具体实践包括:软件开发高手与开发新手一起估算开发任务,在发现由于自身开发能力造成的工作量预测的分歧后,可以约定某个时间点软件开发高手协助软件开发新手,以极短的时间解决新手遇到的困难,并每天执行代码审查,确保每一行代码的质量。由于软件开发高手相对于开发新手更懂业务和技术,在这种情况下软件开发高手就担当了我们传统开发中的架构设计职能。由此可见,敏捷开发的方案设计相对于传统的架构设计更偏向于设计的自组织,通过开发人员自我的不断修炼来达成的。敏捷开发更加针对现在比较流行的(移动)互联网软件,通过激励开发个体产生好的产品。

敏捷开发不主张过多的文档书写,但不是没有文档。有如下3种文档可以认为是在敏捷开发中是必需的,包括产品订单(Product Backlog)、冲刺订单(Sprint Backlog)和燃尽图(Burn Down Chart)。

产品订单类似于传统开发项目中的需求和概要设计文档。产品订单中包括对软件功能性需求和非功能性需求的描述,并将需求拆解成一个个的订单项(Backlog Item)。产品订单是开放的,产品负责人可以随时根据用户需求的变化进行相应的更新。产品订单的每个订单项都包括初略的估算,通常以天为单位。这个估算可以帮助产品负责人判断进度并调整开发任务的优先级。

冲刺订单类似于传统开发项目中的详细设计文档。冲刺订单描述了在一个迭代或一次冲刺周期内开发团队如何实现一个特定订单项的详细信息。在这里原先产品订单中的订单项被分解为以小时为单位的冲刺订单项(Sprint Backlog Item),每个冲刺订单项的预计完成周期不得超过 16 个小时。超过 16 个小时的冲刺订单项必须被进一步分解直到小于 16 个小时为止。值得一提的是,冲刺订单上的任务不会被硬性分配,而是由团队成员主动认领的,这是敏捷开发中提倡团队自我管理的一种体现。

燃尽图类似于传统开发项目中的项目进度表。燃尽图的横坐标为冲刺周期的天数,纵坐标为剩余小时数。若冲刺周期为 22 个工作日(一个自然月),开发团队的规模为 7 人,那么理想情况下冲刺周期第 n 天的剩余小时数为$(22-n)$天×7 人×8 小时/天。开发团队成员通过对比实际剩余小时数和理想剩余小时数会对项目的进度有一个直观的了解。

2.10 应用 IBM 架构解决方案方法论的案例详解

以下是结合 IBM 架构解决方案方法论对不同行业的架构设计资产进行详细阐述。

2.10.1 电子商务解决方案

1. 业务和需要的理解

业务发展方向:发展电子商务网络零售,实施“科技转型、智慧电商”战略。网络零售将成为与实体店面并驾齐驱、相互协同的渠道。销售的品类包括家电零售、快速消费品、百货产品、家居产品、娱乐产品和图书等。利用网络和云计算平台便捷的优势,提供一站式的购物体验。结合电视、电话等购物、咨询平台,实现技术创新、数据研究、仓储配送能力位居世界前列,满足上亿人的在线物质和精神的生活需求。

当前组织结构:组织包括总经理办公室、采购管理中心、市场管理中心、信息技术管理中心、金融产品中心、物流产品中心、财务管理中心和人力资源管理中心等。

当前 IT 环境:商品仓储管理库存系统、订单系统、促销系统、支付系统、BI 系统和价格系统等。这些系统之间是通过 Web Service 方式实现彼此之间的接口调用的。

标准约定：当前的标准预定文档包括需求规范使用说明书模板、概要设计模板、程序编码规范、系统集成原则和规范、系统测试用例模板和测试报告模板等。

2. 探索方案和方法

项目定义：设计并实现基于多供应商的电子商务系统解决方案，支持类似于淘宝网店对各店铺自行管理商品、价格、库存，自行发起促销活动。确保顾客在网上的商品浏览、咨询、购物、支付、退换货过程中有良好的购买体验。建立网上销售系统，为合作伙伴提供商品销售平台。分析并解决建立网店所涉及的商品、店铺、价格、库存、订单和促销等多个功能模块的技术问题。

电子商务系统上下文图如图 2.14 所示。

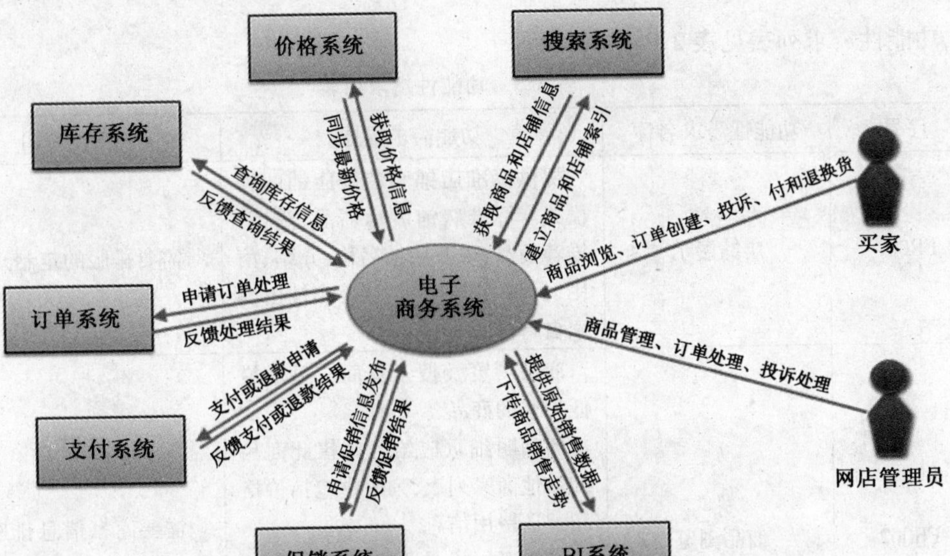

图 2.14 电子商务系统上下文图

主题模型：主要是指系统中所涉及的表单实体，也就是我们通常所说的 Entity。该系统主要所涉及的 Entity 见表 2.2。

表 2.2　Entity 表单实体信息表

店铺	商品	库存	订单	会员	支付
店铺编码	商品编码	仓库信息	订单信息	基本信息	支付账号
店铺名称	商品目录	库位信息	店铺编码	社交关系	用户信息
供应商编码	商品状态	商品编码	销售渠道	配送方式	证件信息
供应商名称	内容信息	供应商编码	收货方	联系地址	邮箱信息
店铺服务区域	关联的店铺	商品入库批次	收货地址	支付账号	手机绑定
店铺售后服务	促销买点	可卖库存	订单发票信息	优惠券账号	安全保护问题
店铺信用等级	售后服务	锁定库存	商品编码	积分账户会员等级信息	登录密码
		库存更新流水			支付流水

功能性需求列表见表 2.3。

表 2.3　功能性需求列表

序号	功能性需求名称	功能需求描述	备注说明
FR001	店铺展示	提供标准店铺和装修店铺两种模式。标准店铺展示新品、热销、推荐商品,以及店铺名称、介绍、信用、促销活动信息。装修店铺由商家自行排版	需要排版的定制开发
FR002	商品浏览	商品浏览及搜索页面应显示最低价格的商品 商品明细页应给出销售此商品的其他商家列表,列表中包括价格和配送费用信息 客户可以由单个商品切换到此商品的所有商家列表,查看在售商家商品价格、库存、促销、时效,商家服务信息,商家信用信息,允许顾客自主排序和筛选	需要商家信息排序规则的自由化定制

续表 2.3

序号	功能性需求名称	功能需求描述	备注说明
FR003	商品评价、咨询和投诉	客户可以在商品页面向商家提出咨询问题 已购买商品的客户可以对购买商品的体验进行评分,评分的范围包括商品与描述是否相符、送货速度、卖家服务态度、配送服务态度、安装服务态度和商品包装等 客户还可以发起投诉,专业客服介入投诉过程,督促商家进行投诉的有效处理和回复	需要流程的定制开发
FR004	商品价格	商家可自行配置商品的销售价、促销价和生效/失效时间	
FR005	购物车	需要在购物车中按照店铺对商品进行分组展示,展示的内容包括各商家的运费、促销价格和配送方式等	
FR006	订单支付	到货确认后,商家在客户确认后才收到货款。后台需在客户确认后触发分账过程	
FR007	客服	客服人员应可以查询店铺信息和订单状态,处理店铺投诉和退换货请求	

注:FR 是 Functional Requirement 的缩写,表示功能性需求

非功能性需求列表见表 2.4。

表 2.4 非功能性需求列表

序号	需求名称	需求详细
NFR001	安全性	网络的不同区域之间必须使用防火墙进行隔离 从网络、操作系统和应用软件层面实现用户认证管理；阻止 SQL 注入、跨站脚本攻击等常见的网站攻击行为；通过专业安全软件如 APPSCAN 的白盒和黑盒测试 保存应用核心操作如登录、取消订单的审计日志
NFR002	易用性	应保证前台用户和业务用户的操作简单、界面易学习
NFR003	高可靠性	要保证订单和支付等数据准确无误地被转换和保存 在和其他系统交互时，要保证数据不丢失、不重复、完整无误地进行交换
NFR004	响应时间	商品浏览等基础页面的响应时间不超过 1 秒 订单操作等非浏览类页面的响应时间不超过 3 秒
NFR005	业务容量	系统应当可以支持用户每小时访问 1 亿页面 同时可以支持 10 万条订单的创建
NFR006	高可用性	系统的网络架构、中间件服务器、数据库服务器和存储设备都应当实现高可用性方案，消除单点故障
NFR007	可扩展性	通过简单地增加物理或虚拟处理节点来支持更高的业务容量要求，类似 Google 的 Hadoop 架构
NFR008	数据存储量	预分配 5 TB 存储空间支持未来 3 年的数据存储需求
NFR009	在线用户数	500 万
NFR010	并发用户数	25 万
NFR011	数据库备份	数据库每日必须执行一次全备 由于数据库备份时对网站的性能影响较大，必须在凌晨 1 时以后执行，3 小时之内完成备份

注：NFR 是 Non-Functional Requirement 的缩写，表示非功能性需求

电子商务系统用例图如图2.15所示。

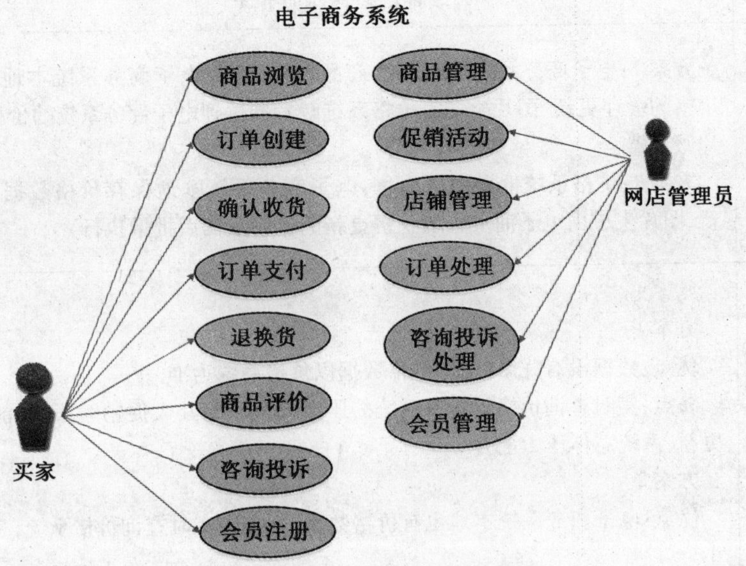

图2.15　电子商务系统用例图

架构决策表见表2.5。

表2.5　架构决策表

决策主题	商品价格信息获取方式	编号:AD01
问题描述	与电子商务系统有接口的价格系统尚不具备完整的价格缓存管理、价格图片生成等高级功能,只有价格查询功能。电子商务系统的商品价格可以采取调用价格系统API接口的方式实时查询并获得商品的价格信息,也可以采取由价格系统批量推送的方式	
前提与假设	价格系统的价格管理功能按时开发完成 价格系统无法在电子商务系统上线前完成图片处理功能 年商品销售额达到1 000万以上	
决策考虑因素	最小化系统总体压力和确保价格显示的准确性	

续表 2.5

决策主题	商品价格信息获取方式	编号:AD01
可选方案	方案 1:电子商务系统实时查询商品价格,不在电子商务系统本地保存价格数据。价格的缓存更新、图片生成由价格系统触发推送到电子商务系统的价格缓存和价格图片服务器 方案 2:价格系统批量推送价格,电子商务系统本地保存价格数据,价格的缓存更新、图片生成由电子商务系统获得更新的价格数据后批量执行	
决策分析	方案 1: 优点:数据没有冗余,全部价格数据以价格系统为准 缺点:实时查询价格对价格系统的压力较大。尤其大促销时段,可能造成缓存频繁更新,系统总体压力上升 方案 2: 优点:电子商务系统本地也有价格数据,不需要实时查询价格系统,系统总体压力较小 缺点:数据冗余,价格数据在两个系统中都存在。由于价格系统批量推送数据给电子商务系统,商品供应商更新的价格不能实时立即生效	
选择方案	结论:与客户一致认为确保电子商务系统的总体压力较低更为重要,尤其大促销时性能压力大,应采取较为安全稳妥的方案,所以选择方案 2。对于商品供应商的价格更新不能实时生效的问题,可以通过与供应商沟通,要求供应商提前输入价格数据的方式解决	

可行性评估表见表2.6。

表2.6 可行性评估表

风险参考	风险描述	可能性	影响面	缓解措施	检查日期
性能压力	来源于其他接口系统的数据过于庞大,大量数据同步将对系统性能产生较大压力	高	高	采用集群部署方式增强系统的处理能力和可扩展性 通过建立多分区的数据库表或分库存放订单相关信息	设计阶段
退款时效要求	退款要求实时到账,到账时间在1分钟内。但整个退款过程涉及多个系统的集成处理,过程较复杂,可能无法达到要求的时效	中	中	搭建原型,进行性能测试,如果无法达到性能目标,需找出瓶颈环节进行专门优化	原型验证阶段

3. 开发并与客户确认解决方案

电子商务系统应用架构概况图如图2.16所示。

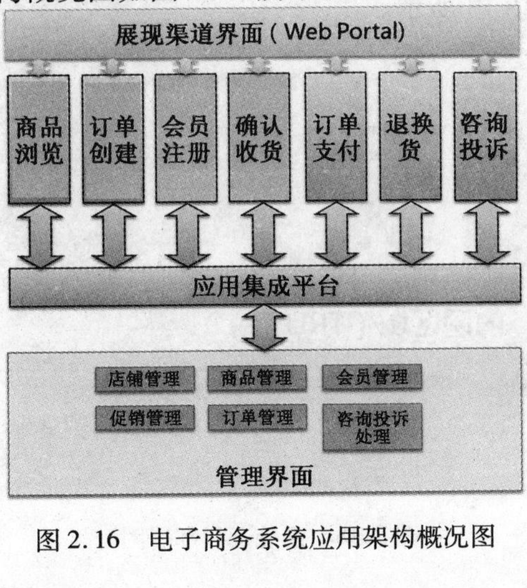

图2.16 电子商务系统应用架构概况图

架构部件(组件)模型图:这里主要对组件模型图的一种表现形式——时序图进行举例。顾客收货和退货时序图如图 2.17 所示。

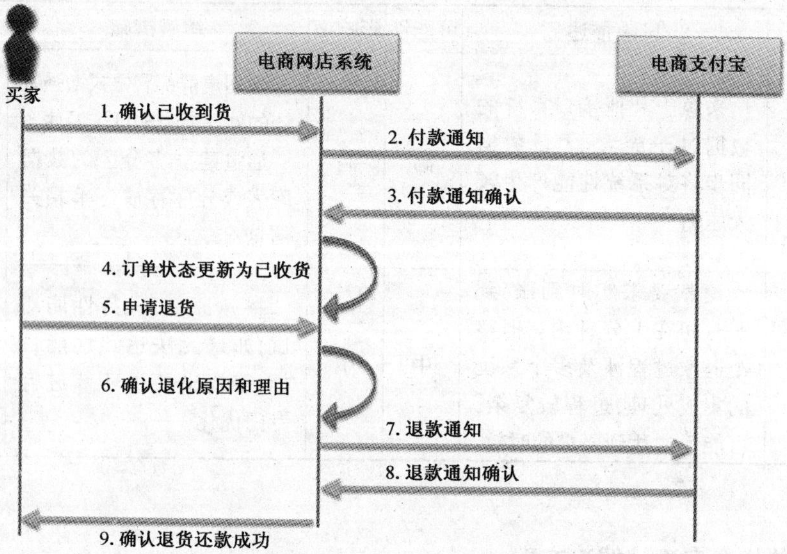

图 2.17　顾客收货和退货时序图

系统运行部署图如图 2.18 所示。

图 2.18　系统运行部署图

系统运行部署图所涉及的设备造型列表见表 2.7。

表 2.7　设备造型列表

需求内容	单位	软件产品名称	产品描述
基础应用平台	1 套	DB2	IBM 数据库产品
	4 套	HTTP Server	IBM Web 服务器产品
	2 套	Websphere	IBM Websphere Application 中间件产品
企业服务总线	1 套	WebSphere Message Broker	IBM 支持 ESB 的企业服务总线产品
电子商务系统	1 套	WebSphere Commerce	IBM 电子商务产品
缓存数据存取	1 套	IBM WebSphere eXtreme Sclae	IBM 高速数据缓存服务产品
访问负载均衡	2 套	F5	F5 负载均衡设备
安全接入和管控	1 套	WebSeal	IBM 单点登录 SSO 服务的认证网关产品
	1 套	TAM	IBM Tivoli Access Manager 统一接入认证产品
	1 套	页面防护软件	提供网页防篡改服务的产品
	1 套	IPS	提供入侵防护的网络产品

2.10.2　医院商业智能解决方案

1. 业务和需要的理解

客户背景：该医院是一所集医疗、教学、科研、康复、保健于一体的大型综合性医院，为全国首批三级甲等医院的示范医院，是我国高等医药临床教育、医疗和科研重要基地之一，也是全国技术力量最雄厚的医院之一。

业务发展方向：成为国内一流、国际先进的医院，成为地区性的医疗中心。

发展愿景:提高医院运营管理水平,对质量、效率、成本和资源配置等要素实现精细化管理;做大做强,提高社会服务能力;提高疾病诊治能力,提高学术水平。突出医院特色,提高医院临床疗效,扩大医院优势技术的影响力;建立医药教育模式,提高培养医药高级临床人才的能力;提高临床和基础科研实力,承担国家重大科研项目。

当前组织架构:组织包括院长办公室、主管医疗办公室、主管人事办公室、医务处、药剂处、医保处、人事处、财务处和网络科等。

当前 IT 环境:医疗管理信息系统、门诊支持系统、移动医疗系统、财务管理系统、外科检查系统、医疗保险系统、人力资源管理系统和门户系统等。这些系统的数据主要存在 Oracle 和 SQL Server 中。

标准约定:当前的标准预定文档包括卫生部的《三甲医院评审标准》、电子病历评级、卫生部办公厅关于印发的《电子病历系统功能应用水平分级评价方法及标准》、国际疾病分类标准、《医疗机构阳光用药制度实施意见》和《处方点评管理规范》等。

2. 探索方案和方法

项目定义:为实现医院运营管理的精细化提供架构和技术平台,利用现有系统的数据进行医院运营状况的分析监控,以便更好地支持医院的良好运营和科学可持续发展,建立涵盖医院主要应用系统的数据抽取清洗整合方案,定义数据抽取及整合规则,通过定义完整、统一的数据标准,建立和完善标准的统计指标和统计口径,促进医院标准数据集建设,通过数据建模、数据治理、数据清洗等手段持续提高数据质量为综合数据仓库提供保障。建立医院综合数据仓库:通过数据抽取清洗整层,收集包括医院运营管理和病人信息等方面的基础数据,并根据运营监控、绩效考核、流程优化的决策支持分析需求,建立相应的企业级数据仓库。建立个性化、可视化的商业智能展现层:根据各类决策支持分析需求,建立包含固定报表、多维分析、管理仪表盘和专题分析的多种商业智能展现。通过医疗解决方案服务团队的专业服务进行系统规划、需求分析和开发实施,建立面向运营监控、绩效考核、流程优化的医院运营监控体系。

医院商业智能系统上下文如图 2.19 所示。

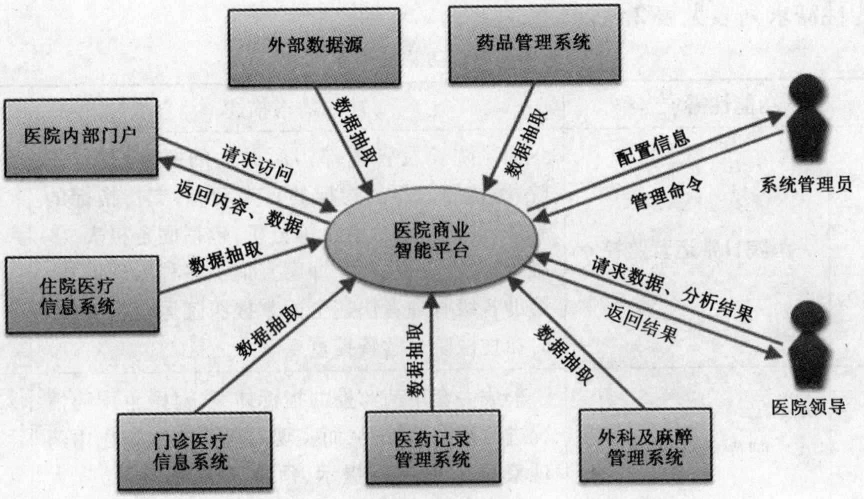

图2.19　医院商业智能系统上下文

主题模型：该系统主要涉及的Entity表单实体信息表见表2.8。

表2.8　Entity表单实体信息表

日常运营监控主题域	阳光用药监察主题域	医保费用监控主题域	科室目标管理主题域
收入	门急诊处方用药	基本医疗费用	科室考核指标(医疗)
业务量	住院用药	超定额情况	科室考核指标(教学)
工作量	门急诊抗菌药物使用	费用结构	科室考核指标(科研)
病人构成	住院抗菌药物使用	费用明细	科室目标
效率	门急诊大处方	超大额病人	目标分解
质量	住院外科清洁手术预防用抗菌药物		科室实际完成情况
中医药特色	住院抗菌药物病原学检查		科室下医生指标完成情况
病人忠诚度	单品种药物使用		指标对应的明细
优势病种	注射药物使用		
	基本目录药物使用		

功能性需求列表见表 2.9。

表 2.9　功能性需求列表

序号	功能性需求名称	功能需求描述	支撑组件
FR01	医院日常运营监控	提供院长及管理部门所关注的医院门诊、住院、医技等方面的指标的日常动态，支持指标的趋势、同比、环比、占比等分析，包括固定报表、多维分析、管理仪表盘、即席查询等多种展现形式，帮助各级管理者快速全面掌握医院运营状况，及时抓住医院运营管控重点	BI 工具
FR02	阳光用药监察	形成一套用药监控的指标体系，对医生用药情况进行跟踪监控，从而实现对医院非常态化用药现象的及时发现、提示、预警、纠错和规范，把大处方等问题解决在萌芽状态	BI 工具
FR03	医保费用监控	从多个角度分析门诊、住院医保病人费用、费用结构、超额情况等，并对在院医保病人费用进行监控，帮助医院合理控制费用，减少超额，合理分配定额，真正造就医院、病人、医保三方的共赢互利局面	BI 工具
FR04	科室目标管理	建立一个合理的科室绩效评估分析管理的平台，通过数据分析，为医院管理者提供各个层次的绩效评估服务。医院绩效指标体系的建立将采用“目标管理法”，即以目标的实现程度作为绩效考核的指标，将医院的目标逐级分解，从全院到科室、专科、小组，最后到员工个人	BI 工具
FR05	用户管理	建立 BI 系统的后台用户管理，包括用户、用户组管理，并能够指定用户管理的院部、科室	BI 工具
FR06	用户权限管理	能够对用户、用户组分配权限，控制其允许访问的目录、页签、报表、多维分析、仪表盘等	BI 工具
FR07	用户身份验证	用户登录 BI 系统对用户名、口令进行验证，并允许修改口令	BI 工具

续表 2.9

序号	功能性需求名称	功能需求描述	支撑组件
FR08	存量数据抽取清洗转换	将用户归档的多个历史库数据抽取、清洗、转换到数据仓库	ETL 工具
FR09	增量数据同步清洗转换	根据一定的原则,自动获取增量数据,存入暂存库 暂存库中的数据经过校验、清洗、标准化、转换后形成高质量数据,存入数据仓库	ETL 工具
FR10	准实时数据同步清洗转换	根据一定的时间频率,从相关业务系统准实时数据库中汇总数据,存入数据仓库	ETL 工具
FR11	物理的数据仓库存储	数据在抽取、清洗、转换后的存放形式	暂存库 SA 数据仓库 DW 数据集市 DM
FR12	数据访问安全审计查询	对于登录 BI 系统的用户能够记录登录时间、访问内容、访问时间、下线时间等供后台进行安全审计	BI 工具
FR13	系统备份	定期进行 BI 系统备份,包括数据仓库、ETL 任务、BI 系统元数据模型及前端展现	BI 工具 ETL 工具 数据库脚本
FR14	界面整合	BI 系统提供接口供医院内网门户进行调用	BI 工具 外部接口

注:FR 是 Functional Requirement 的缩写,表示功能性需求

非功能性需求列表见表 2.10。

表 2.10 非功能性需求列表

序号	需求分类	需求类型	需求描述
NFR01	服务级别需求(SLRs)	性能	在一般无并发情况下,要求查询在 10 秒之内完成,在 20 个以上用户同时在多维立方体中并发进行多维查询的情况下,要求查询在 20 秒之内完成(此项测试要求用户的终端和服务器均在同一局域网内)
NFR02	服务级别需求(SLRs)	容量	支持 300 个用户同时登录在线,100 个用户并发查询操作数据中心数据量大约在 1 TB

续表 2.10

序号	需求分类	需求类型	需求描述
NFR03	服务级别需求（SLRs）	可用性	用户使用系统的时间:5×8 稳定工作 前端用户使用本系统进行数据查询和分析的时间为每周一至周五工作时间,系统需要在这个时间段内提供完整和准确的数据供前端用户使用 数据采集程序执行的周期: 提供灵活的数据采集执行周期设定方式,增量数据同步建议为 1 天,准实时数据同步建议为 15 分钟
NFR04	服务级别需求（SLRs）	可扩展性	系统数据容量的扩展: 随着系统应用时间的延长,堆积在数据仓库中的数据量会越来越大,可以通过增加存储设备或者将一部分数据转移到额外的存储介质上的方法进行系统容量的扩展 系统性能的扩展: 当系统用户的数量和数据仓库应用系统的数据量增加的时候,系统不会因此减低性能,如查询反应时间等 系统应用功能的扩展: 能够在相对完善的数据仓库体系和数据仓库模型的基础上,循序渐进地完善前端数据仓库应用 架构设计需要支持至少 5 年的运行扩展
NFR05	服务级别需求（SLRs）	安全性	登录系统需要用户身份验证 可以实现按用户组统一分配数据访问权限 比如要求在添加一张报表后,能够将该报表归类,使得某一类的用户可以看到这张报表,而不是对定义好的每一个用户都要设置一次对这张报表的访问 可以实现报表文件中数据的访问控制,比如科主任只允许看到本科室数据 有后台审计机制,能够记录用户访问的时间、对象等 关键数据安全:确保系统敏感数据的安全

续表 2.10

序号	需求分类	需求类型	需求描述
NFR06	非运行时需求	可维护性	对 ETL 程序提供简单直观的管理维护界面和错误报告体系 对数据仓库模型和数据仓库数据管理引擎提供完善的管理界面和简单易行的管理方法 对数据仓库业务元数据的管理提供有效的管理方法 对每日调度执行情况提供直观、清楚的日志报告,方便监控、诊断 提供详细的系统运维方法、步骤以及常见问题解决方法文档
NFR07	系统约束	技术标准	数据仓库中需使用标准化的数据字典及分级标准,如 ICD 诊断、手术及操作、中医诊断、中医证型等

注:NFR 是 Non-Functional Requirement 的缩写,表示非功能性需求

医院商业智能系统用例图如图 2.20 所示。

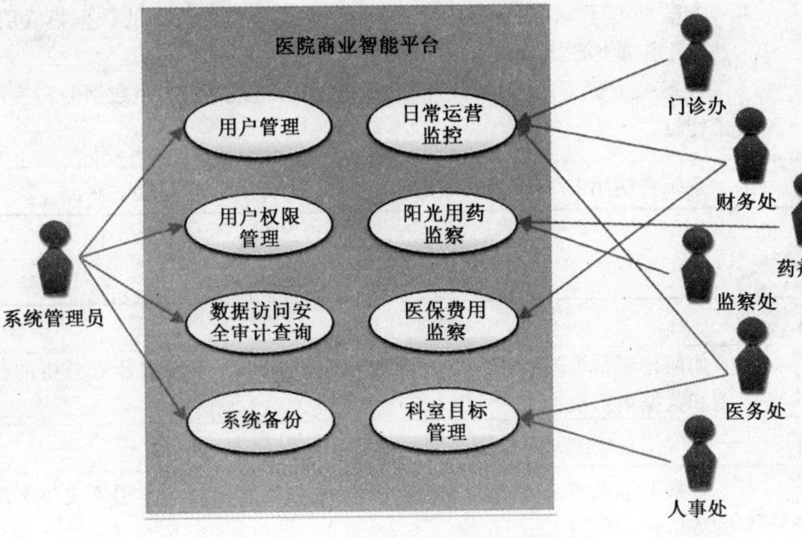

图 2.20 医院商业智能系统用例图

架构决策表见表 2.11、表 2.12。

表 2.11　架构决策表 1

决策主题	数据集成	编号:AD01
问题描述	如何与现有医院的系统进行数据整合	
前提与假设	现有的需要进行集成的医院应用系统的数据库及表可以被访问 系统不需要实现严格的实时性 为了降低交付的复杂程度,将采取一种数据集成的方式	
可选方案	方案 1:使用基于 ETL 的解决方案进行数据整合 方案 2:使用基于 EAI 的解决方案进行数据整合 方案 3:使用基于 EII 的解决方案进行数据整合 方案 4:使用基于数据复制的解决方案进行数据整合	
决策分析	方案 1:在许多的业务分析类项目的实施中都采用 ETL 的方式,对于批量数据整合,ETL 是最成熟的解决方案 方案 2:部分现有的系统无法提供服务接口,所以基于 EAI 的方式进行整合的工作量将会比较庞大 方案 3:基于 EII 的方案可以为不同的数据源提供统一的数据集成层,但数据转换的工作量比较庞大 方案 4:数据复制的方式可以实现实时的数据库复制,但数据的转换需要较大的工作量	
选择方案	系统将使用 ETL 作为数据集成的方式,即方案 1 进行数据整合	

表 2.12　架构决策表 2

决策主题	数据集成	编号:AD02
问题描述	如何构建系统的数据模型,包括如何构建用于支撑医院业务分析的数据仓库模型和数据集市模型	
前提与假设	跨应用系统的共享数据字典可以互相映射起来	
可选方案	方案 1:首先构建集成的数据仓库模型,然后基于其构建用来支撑医院业务分析的数据集市模型 方案 2:直接构建不同的数据集市模型来支撑个别指定的业务分析模块	

续表 2.12

决策主题	数据集成	编号:AD02
决策分析	方案1:部分数据分析模型可采用或参考过往在其他商业智能项目交付所积累的资产 方案2:由于业务分析应用及其相关的KPI可能会经常发生变化,所以需要构建一个全面的数据基础层用来支撑灵活的业务分析需求	
选择方案	选择方案1	

可行性评估表见表2.13。

表 2.13　可行性评估表

风险编号	风险描述	可能性	影响面	缓解措施	检查日期
R01	由于客户已经购买了IOC作为他们的开发和运行环境,所以他们想在该项目重用这套环境。但是基于IOC进行该项目交付将产生许多额外的工作量,并且IOC并没有提供所有需要的功能	高	高	让客户采购额外的产品,比如DataStage或Cognos	项目初始阶段
R02	客户希望这个项目在8个月内完成,但是部分数据质量的清理工作需要依赖于ISV(第三方独立的服务提供商)的支持,对他们负责的应用系统进行修改	高	高	需要客户让这些ISV根据项目的整体进度给出应用系统修改的进度表,并跟踪确保他们按进度完成工作	项目计划阶段
R03	项目需求并没有被客户方和项目团队达成清晰一致的理解和确认	高	高	编写清晰的需求矩阵说明书,并与客户达成一致	需求分析阶段

续表 2.13

风险编号	风险描述	可能性	影响面	缓解措施	检查日期
R04	为了降低对医院现有应用系统性能的影响,ETL 将不能直接在这些应用系统的运行时的数据库中运行,但是客户环境并没有非实时的医院应用系统的备份数据库	高	高	需要医院的 IT 部门建立备份数据库,或改造应用系统,将相关数据实时写进业务分析数据库	设计阶段
R05	部分来自不同系统的数据字典的条目无法进行映射匹配,这将会对分析的粒度等级产生影响	高	中	需要医院各部门提供映射规则	设计阶段
R06	部分数据字典并没有进行分类分层,这将会影响报表的分层维度显示效果及 OLAP 分析功能	高	中	需要医院各部门提供分层分类规则	设计阶段
R07	由于业务数据的快速增长,存储的空间可能将会在下期扩容前用完	高	中	优化磁盘的使用率,对分页的大小进行调整 启用 DB2 V9 的压缩功能	实施阶段

3. 开发并与客户确认解决方案

医院商业智能解决平台架构概况图如图 2.21 所示。

图 2.21　医院商业智能解决平台架构概况图

医院商业智能解决平台架构部件(组件)模型图如图 2.22 所示。

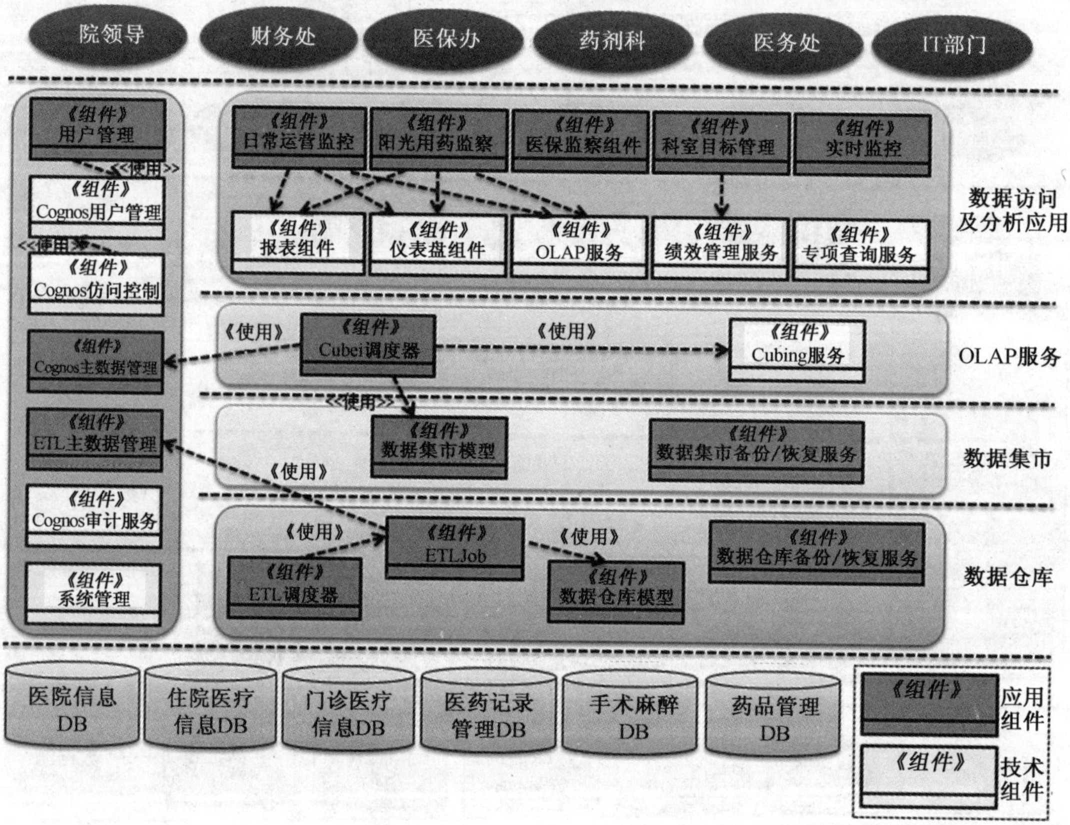

图 2.22 医院商业智能解决平台架构部件(组件)模型图

医院商业智能解决平台系统运行部署图如图2.23所示。

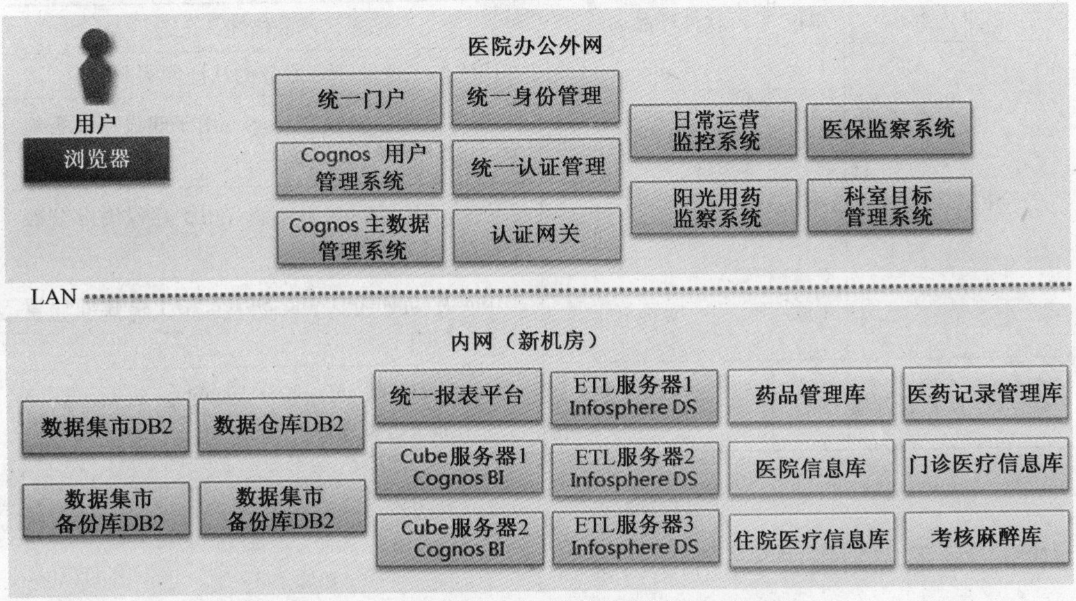

图2.23 医院商业智能解决平台系统运行部署图

系统运行部署图所涉及的软硬件见表2.14。

表2.14 设备造型列表

需求内容	单位	软件产品名称	产品描述
基础应用平台	1套	DB2 ESE	IBM数据库产品
统计分析系统	1套	Cognos BI Reporting	用于搭建商业智能平台的统一报表生成平台产品
	1套	Cognos BI Metadata	用于搭建主数据平台产品
	1套	Infosphere DataStage	用于实现ETL，实现数据的清洗、转换等工作的产品
访问负载均衡	2套	F5	F5负载均衡设备

续表 2.14

需求内容	单位	软件产品名称	产品描述
安全接入和管控	1 套	WebSeal	IBM 单点登录 SSO 服务的认证网关产品
	1 套	TAM	IBM Tivoli Access Manager,用于建设商业智能平台统一身份管理服务
	1 套	TIM	IBMTivoli Identity Manager,用于建设商业智能平台统一访问管理服务
	1 套	WPS	IBM Webpshere Portal Server,用于搭建商业智能平台门户
数据仓库、ETL 服务器	5 台	IBM X3650	2 台用于部署 Infosphere DataStage 进行 ETL,3 台用于部署数据仓库

2.10.3 社保应用集成平台解决方案

1. 业务和需要的理解

业务发展方向:随着改革开放的不断深入和发展,各行各业的工作都在围绕着迅速提高国民经济这个中心目标向前推进,人力资源和社会保障局的工作和任务也随之发生着变化,其性质不仅仅是人民生活、社会安定的重要保障,同时也是“和谐社会、国富民安”的重要工具,因此,面对公众维权意识、人力资源和社会保障新形势的需求,急需建设“一人一卡一号,同人同省同库”的人力资源和社会保障信息系统,统一社保、劳保服务,集中社保、劳保业务等便民服务。本项目的建设不仅仅在维护社会和谐和保障人民生活方面具有重要意义,而且在稳定国民经济方面将发挥巨大作用,产生良好的社会效益。

当前组织结构:组织机构包括市民卡管理中心、社保基金管理中心、公务员和事业单位人事管理科、专业技术人员管理科、教育培训与职业能力建设科、劳动关系科和政策法规科等。

当前 IT 环境一览表见表 2.15。

表2.15 当前IT环境一览表

系统类型	系统名称	操作系统	数据库	状态
服务接口	医院联网	AIX	DB2	正在使用
对外服务	网上查询	AIX	DB2	正在使用
对外服务	网上申报	AIX	DB2	正在使用
门户	社保网站	AIX	DB2	正在使用
门户	留学生管理网站	AIX	DB2	正在使用
服务接口	卡系统(对银行)	AIX	DB2	正在使用
对外服务	基金监督	AIX	DB2	正在使用
内部服务	定时服务器	Linux	MySQL	正在使用
业务系统	劳动业务系统	AIX	DB2	正在使用
业务系统	民政业务系统	AIX	DB2	正在使用
服务接口	银联数据文件储存服务	AIX	DB2	正在使用
业务系统	卡业务(核心、对内部分)	AIX	DB2	正在使用
服务接口	内网对外网关	AIX	DB2	正在使用
对外服务	自助终端服务平台	AIX	DB2	正在使用
服务接口	移动代理服务器 MAS	AIX	DB2	正在使用
数据服务	社保、公务员数据库服务器	AIX	DB2	正在使用
业务系统	社保业务系统	AIX	DB2	正在使用
业务系统	公务员业务系统	AIX	DB2	正在使用
数据服务	核心数据库	zLinux	DB2	计划中

标准约定:

《某市关于制定国民经济和社会发展第十一个五年规划的建议》

《某市国民经济和社会发展第十一个五年规划纲要》

《某省卫生事业发展“十一五”规划》

《某省经济体制改革“十一五”规划》

《某省服务业发展“十一五”规划》

《劳动保障行业标准》

《人力资源和社会保障政策法规库分类编码》

2. 探索方案和方法

项目定义:社保数据资源中心项目的建设是在充分运用计算机网络、SOA、BI 等技术的基础上,制定规范的整体架构和标准规范,逐步建立起集社保、劳动、公众服务、内部管理、领导决策于一体的共享信息技术架构。该架构的建设旨在推动系统间横向信息的共享、全面理清和合理调配数据中心资源、提高行政决策能力和执行能力。概括起来,本项目建设目标主要包括以下两个方面:

(1)业务支撑方面。

①为科学决策提供数据支撑。

②进一步推进公众服务水平。

③进一步提升人力资源社会保障服务水平。

(2)技术架构方面。

①建立先进的、集成的技术架构,包括界面集成、应用集成、数据共享。

②制定相关技术标准,规范未来应用的建设。

③培养信息化人员架构技能,建立可持续发展能力。

社保应用集成平台系统上下文如图 2.24 所示。

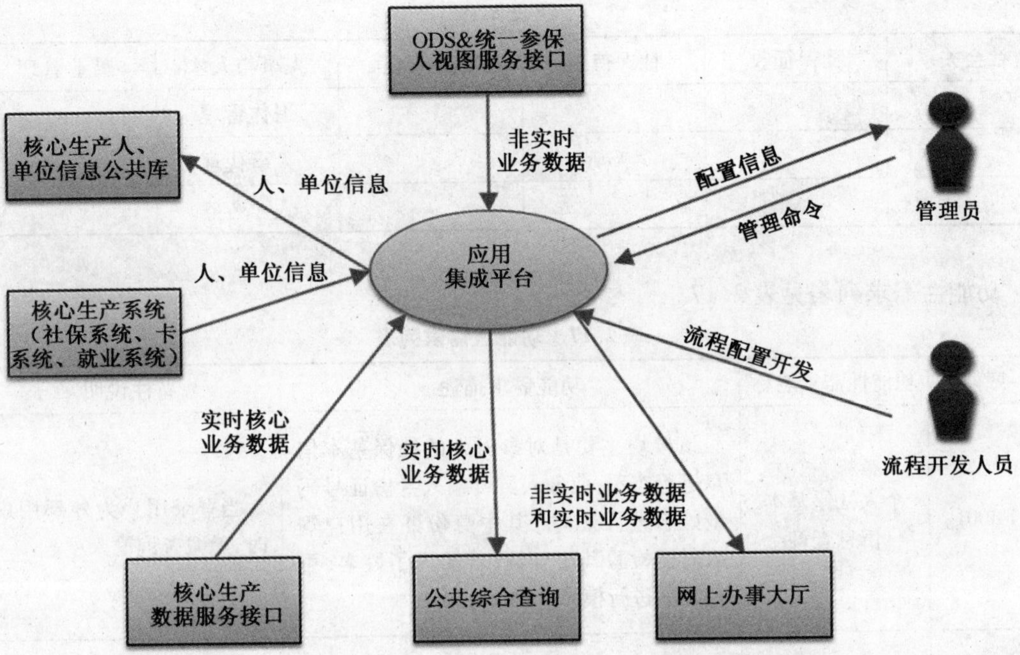

图 2.24　社保应用集成平台系统上下文图

主题模型：主要是指系统中所涉及的表单实体，也就是我们通常所说的 Entity。该系统主要涉及的 Entity 表单实体信息表见表 2.16。

表 2.16　Entity 表单实体信息表

社会关系	社保征收	社保待遇	财务管理	人事与人才	就业管理
个人信息	养老	养老	个人账户管理	干部调动	就业登记
单位信息	失业	失业	凭证信息管理	工人调动	就业服务
关系转移	工伤	工伤	财务信息管理	积分入户	失业登记
	医疗	医疗	科目信息管理	毕业生管理	补贴资金
	生育	生育		随军家属	
	地税全责征收			档案管理	

续表 2.16

社会关系	社保征收	社保待遇	财务管理	人事与人才	就业管理
				退休管理	
				人事代理	
				人才劳务	

功能性需求列表见表 2.17。

表 2.17 功能性需求列表

序号	功能性需求名称	功能需求描述	备注说明
FR001	个人社保基本信息查询	该模块主要是对参保人的社保基本信息进行查看,业务人员可输入身份证号码或姓名进行查询。其中身份证在用户输入时需检验其正确性,若输入了姓名,可按姓名进行模糊查询	当登录用户为外部用户时,隐藏查询输入项
FR002	单位社保基本信息查询	该模块主要是对单位的社保的基本信息进行查看。业务人员可输入法人代码/单位社保号进行查询,其中法人代码条件为精确查询	若登录的用户为外网用户,则隐藏查询输入项
FR003	工伤申报登记	用户点击"工伤申报登记"时,程序根据用户的身份证来查询符合条件的工商记录。信息记录会以分页的形式显示,针对列表上显示的每一条记录,可进行详细查看	用户也可点击"工伤申报登记"按钮,进行工伤信息的填写,在确认填写信息无误后,点击"保存"按钮

续表 2.17

序号	功能性需求名称	功能需求描述	备注说明
FR004	合同管理	单位用户点击“合同管理”时,程序会查询出申报的批次信息列表。对于列表中“未提交”的记录可进行删除操作,点击记录后面的“编辑”按钮,可对批次下的合同明细记录进行修改、删除操作,点击记录后面的“查看”按钮,可查看批次下的合同明细记录。对于“已提交”的批次记录,只能查看其批次下的合同明细	合同终止可以从单位用工里面进行选择,并且都可以通过 Excle 进行导入
FR005	空岗管理	单位用户点击“空岗管理”时,程序会查询出申报的批次信息列表。对于列表中“未提交”的记录可进行删除操作,点击记录后面的“编辑”按钮,可对批次下的空岗明细记录进行修改、删除操作,点击记录后面的“查看”按钮,可查看批次下的空岗明细记录	对于“已提交”的批次记录,只能查看其批次下的空岗明细。对于空岗的申报,用人单位还可以按 Excel 模板准备好空岗信息进行批量新增
FR006	劳动监察网上申报	单位用户点击“劳动监察申报”时,程序会查询出未提交的记录数,若记录数大于1,则显示信息列表;若小于或等于1,则显示用人单位详细页面;对于显示列表中的“未提交”的记录可进行删除操作。点击记录后面的“编辑”按钮,可进行用人单位信息的修改操作	对于“已提交”的记录,只能查看其详细信息。用户确认填写信息无误后,可对相应的记录进行提交

注:FR 是 Functional Requirement 的缩写,表示功能性需求

非功能性需求列表见表 2.18。

表 2.18　非功能性需求列表

序号	需求名称	需求详细
NFR001	界面	系统界面要求采用与信息中心其他系统统一的风格,遵守信息中心制定的相关界面标准,以样式进行控制。该系统需提供一个全方位的网上办事大厅,使用引导式服务方式提供业务申报、网上查询,实现办事大厅的易操作性。界面上最好达到新颖、人性化
NFR002	性能	系统在处理浏览、查询操作时,要求响应时间快,做到即查即得,响应时间不应超过 2 秒 在处理编辑操作时要有较快的响应,响应时间不应超过 2 秒 对于系统的响应速度,用户是要求越快越好。现在由于网络带宽的提高以及计算机性能的提高,这两方面的速度一般不成问题,因此,系统的运行速度主要取决于软件的开发和数据库的存储方式,例如算法的优化等
NFR003	精度	系统数据项输入精度应与系统数据库要求一致,在系统设计时要求加入数据校验机制 系统数据完整性根据数据库本身提供的外键约束,采用前台控制提供的约束方式进行数据约束
NFR004	安全	系统数据要求安全保密,通过严格的权限控制体系实现用户的操作权限管理,确保用户在拥有合法的业务操作权限的前提下才能够进行业务操作;用户进行的所有数据操作要保留日志
NFR005	异常处理	系统的异常捕获和处理通过所使用的开发技术框架中集成的异常处理模块的已有功能实现
NFR006	数据验证	数据校验,前端的(客户端)js 的验证和后端(服务器控制层端)的 java 验证相结合,服务器端必须进行数据校验。采用电子政务基础平台的基础组件提供的数据校验类和 js 校验函数,进行数据校验

续表 2.18

序号	需求名称	需求详细
NFR006	数据验证	对数据的验证主要包括：①数据格式（字符格式、日期格式、整型数格式、浮点数格式等）是否正确；②是否要区分大小写；③值是否为空；④字符是否超长；⑤与业务上下文相关的数据验证；尽可能在前端做好所有的数据合法性验证，出现非法数据时在前端就能检查出来，并给用户友好的提示

注：NFR 是 Non-Functional Requirement 的缩写，表示非功能性需求

网上办事大厅系统用例图如图 2.25 所示。

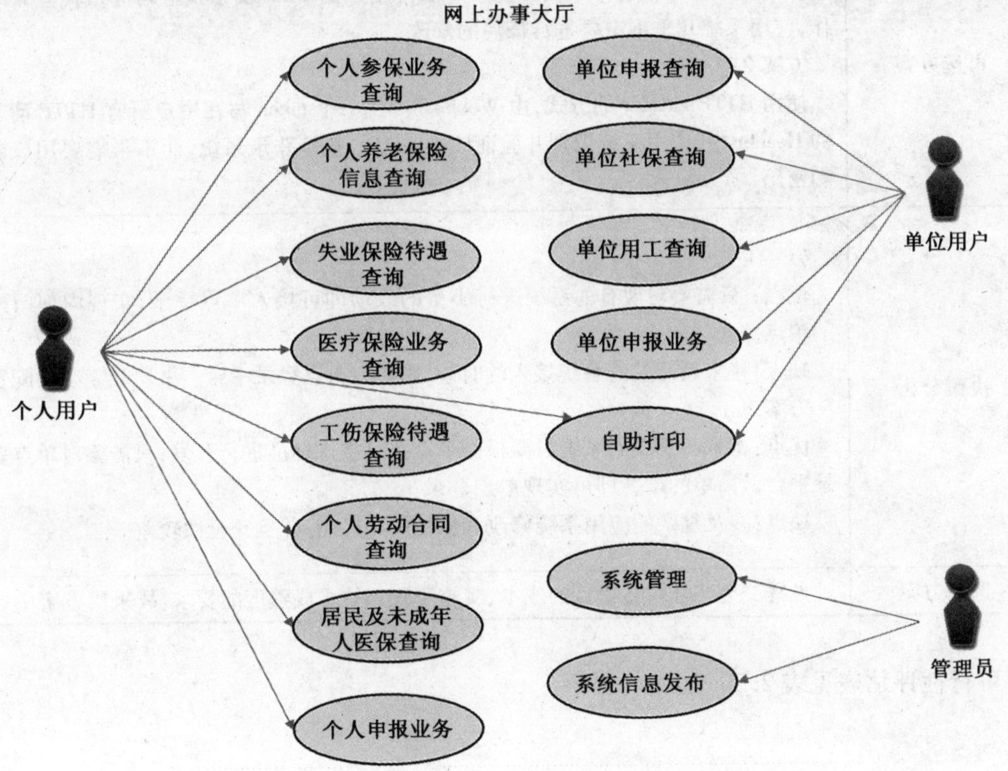

图 2.25　网上办事大厅系统用例图

架构决策表见表 2.19。

表 2.19　架构决策表

决策主题	内部门户单点登录的实现方式	编号:AD01
问题描述	后端的应用系统要实现单点登录,必须与单点登录平台进行集成	
前提与假设	后端应用系统都是 B/S 结构,并提供 Form-base 的登录页面 如果应用系统的登录页面有验证码,可以开发提供无验证码的登录页面	
决策考虑因素	以尽可能减少现有应用的改造方式实现单点登录集成	
可选方案	方案 1: 使用 Form-base 的方式,由 WebSeal 取得用户的 GSO 账号和密码进行代登录动作,应用系统几乎不需要进行任何的修改 方案 2: 使用 HTTP Header 的方式,由 WebSeal 产生一个 token 写在用户所有 HTTP 请求的 Header 中,应用系统识别并验证该 token 后,直接登录系统,而不再需要用户名和密码	
决策分析	方案 1: 优点:只需要对现有的系统进行小量的改动即可接入单点登录,实现内部门户的单点登录 缺点:将来新开发的系统接入的时候,需要在单点登录平台上做比较复杂的配置 方案 2: 优点:将来新开发的系统只要根据单点登录接入标准进行开发,只需要对单点登录平台做简单的配置即可实现单点登录 缺点:涉及复杂的应用系统修改和信任关联机制,并且安全性较差	
选择方案	方案 1 更符合现行项目的成本、实施阶段和技术成熟度的要求,故采用方案 1	

可行性评估表见表 2.20。

表2.20 可行性评估表

风险参考	风险描述	可能性	影响面	缓解措施	检查日期
数据交互平台性能压力	数据交互平台每日需要对超过2 TB的数据进行清洗、加载和转换,可能无法在预期的5个小时的时间窗口内完成所有的ETL工作	高	高	对每张数据表进行分析,对于数据量比较大或需要进行复杂转换的表格进行增量处理	设计阶段
应用集成平台性能压力	未来将会有更多的系统接入应用集成平台,由于受限于部署应用集成平台的服务器的限制,可能会由于请求过多而导致服务接口的响应时间降低,导致应用出现超时出错的问题	低	高	进行压力测试,保证系统能在上线后的两年内不出现性能问题,并提出集群部署等方案,规划未来几年应用集成平台的处理能力	测试阶段

3. 开发并与客户确认解决方案

社保应用集成平台系统架构概况图如图2.26所示。

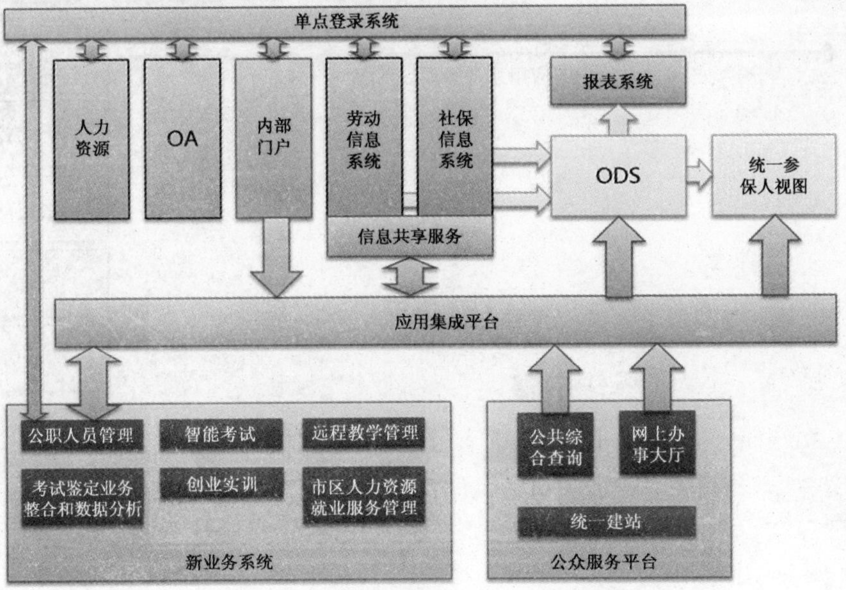

图2.26 社保应用集成平台系统架构概况图

架构部件(组件)模型图:这里主要对组件模型图的一种表现形式——时序图进行举例。内部门户单点登录时序图如图 2.27 所示。

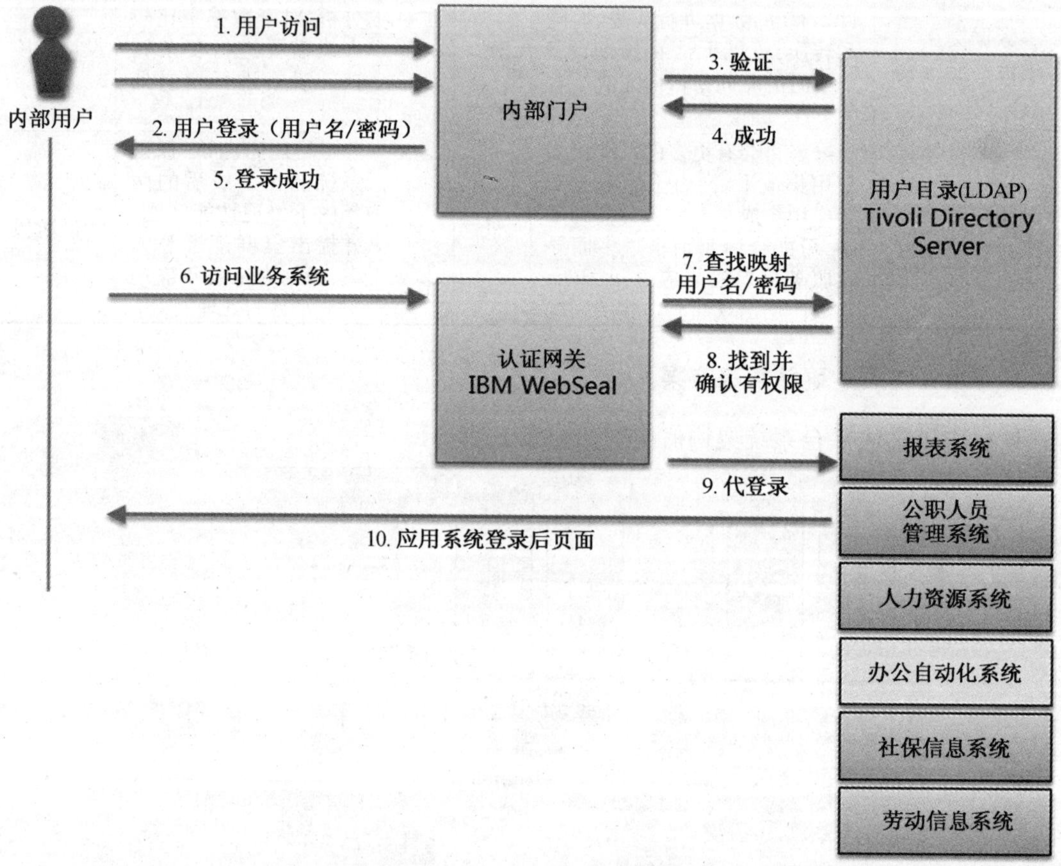

图 2.27　内部门户单点登录时序图

社保应用集成平台系统运行部署图如图 2.28 所示。

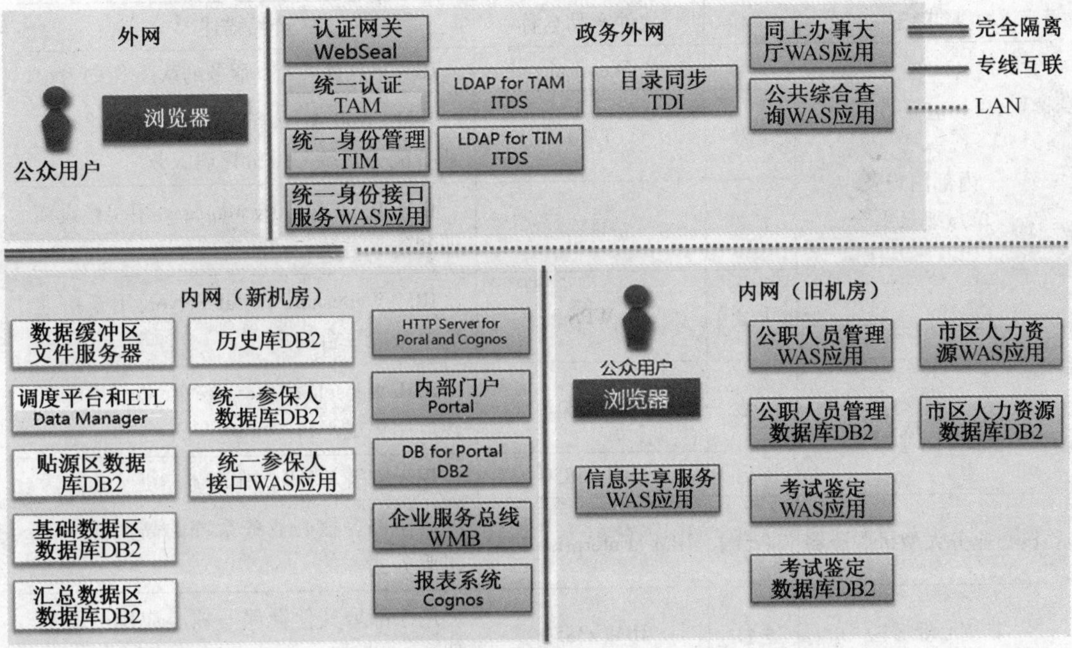

图 2.28　社保应用集成平台系统运行部署图

系统运行部署图所涉及的设备选型列表见表 2.21。

表 2.21　设备选型列表

需求内容	单位	软件产品名称	产品描述
核心数据平台	1 套	DB2 ESE	IBM 数据库产品
	1 套	Cognos BI Reporting	用于搭建统计分析平台的报表生成产品
ODS 数据交互平台	1 套	Infosphere DataManager	用于实现 ODS 数据交互平台的 ETL,实现数据从核心生产数据库到 ODS 数据仓库的清洗、加载、转换等工作的产品
	1 台	IBM DS8700	用于存放核心数据库、数据仓库及 ODS 数据交互平台

续表 2.21

需求内容	单位	软件产品名称	产品描述
内部门户及单点登录平台	1 套	WebSeal	IBM 单点登录 SSO 服务的认证网关产品
	1 套	TAM	IBM Tivoli Access Manager,用于建设商业智能平台统一身份管理服务
	1 套	TIM	IBM Tivoli Identity Manager,用于建设商业智能平台统一访问管理服务
	1 套	WPS	IBM Webpshere Portal Server,用于搭建商业智能平台门户
应用集成平台	1 套	WMB	IBM Websphere Message Broker,用于搭建应用集成平台的 ESB 产品
	1 台	IBM x3850	用于部署 WMB 的服务器
核心业务大型机服务器	1 台	IBM zEnterprise 114	用于部署核心业务系统的高性能大型机服务器
非核心业务应用	4 台	IBM x3850	用于部署其他社保非核心应用的服务器

2.11 服务设计案例资产介绍

系统架构设计文档是架构设计阶段的可交付成果,它提供 IT 服务架构设计方案和具体服务实施办法来满足客户业务需要。服务设计方案只有在真正的落地实施中才会直接影响到客户当前的业务环境,以下介绍一些具体的架构设计方案。

2.11.1 数据中心迁移方案

我们先来介绍一下方案所在项目的背景。该项目是某个国内大公司的数据中心迁移项目。该公司有几个数据中心,它们分别设在武汉、成都、北京、深圳和上海五个城市。公司的员工在全国有几万人，他们都使用 IBM 的 Domino 邮件应用和自动化办公系统。所以目前在五个数据中心都安装有 Domino 邮件服务器。而且在每个数据中心中都有自己的 SAN 存储设备、网络交换机、服务器和磁带库。在五个数据中心中，以北京的数据中心为最大，并且是个完全基于 IBM 软硬件产品搭建的云计算数据中心。为了降低数据中心的能耗、硬件设备的使用空间和 Domino 应用服务器的维护成本，该公司决定把除了北京数据中心以外的其他四个数据中心的 Domino 应用和服务器全部迁移到北京的数据中心去。由此我们可以了解到这是一个很典型的数据中心迁移项目。

如果你是该项目的架构师，第一步就要考虑如何通过架构设计的思想来解决公司存在的商业问题。我们可以很容易地看到由于该公司的每个数据中心都有重复的设备来支持 Domino 应用服务，这会使数据中心基础架构的投入和维护成本都非常高。为了解决客户的问题，我们可以在北京的数据中心升级现有的基于虚拟化的服务器设备、网络带宽和存储能力以支持未来的需要，并把其他数据中心的 Domino 服务器和相关存储数据迁移到北京数据中心。在服务器和数据的迁移过程中，我们首先要根据具体的服务器运行环境和商业要求来识别和最终决定哪些服务器和数据可以被迁移到北京数据中心。其次是根据未来迁移的需要和服务能力的要求来对北京数据中心的升级设备进行选型。由于目前北京数据中心所采用的 IBM 产品居多，为了实现兼容性管理和节省服务管理差异，该项目的设备选型最终确定为 IBM 的 P 系列 P570 服务器和 DS5300 的 SAN 存储产品。在决定迁移的具体办法时，为了降低日后 Domino 服务器的单节点失败（SPOF）的可能性和灾难恢复的风险，Domino 的主服务器应用节点和它的备份服务器应用节点要被安装到不同的物理服务器上，也就是不同的 P570 上。为了有效地利用北京数据中心的现有能源和使用空间，对数据迁移要制定详细的迁移步骤并分阶段进行。

以下通过必要的步骤细化架构设计的方法来使既定的方案顺利落地。首先我们可以通过架构概况图来明确架构设计的目的。对该项目来讲，一个可以作为参照的架构概况图如图 2.29 所示。

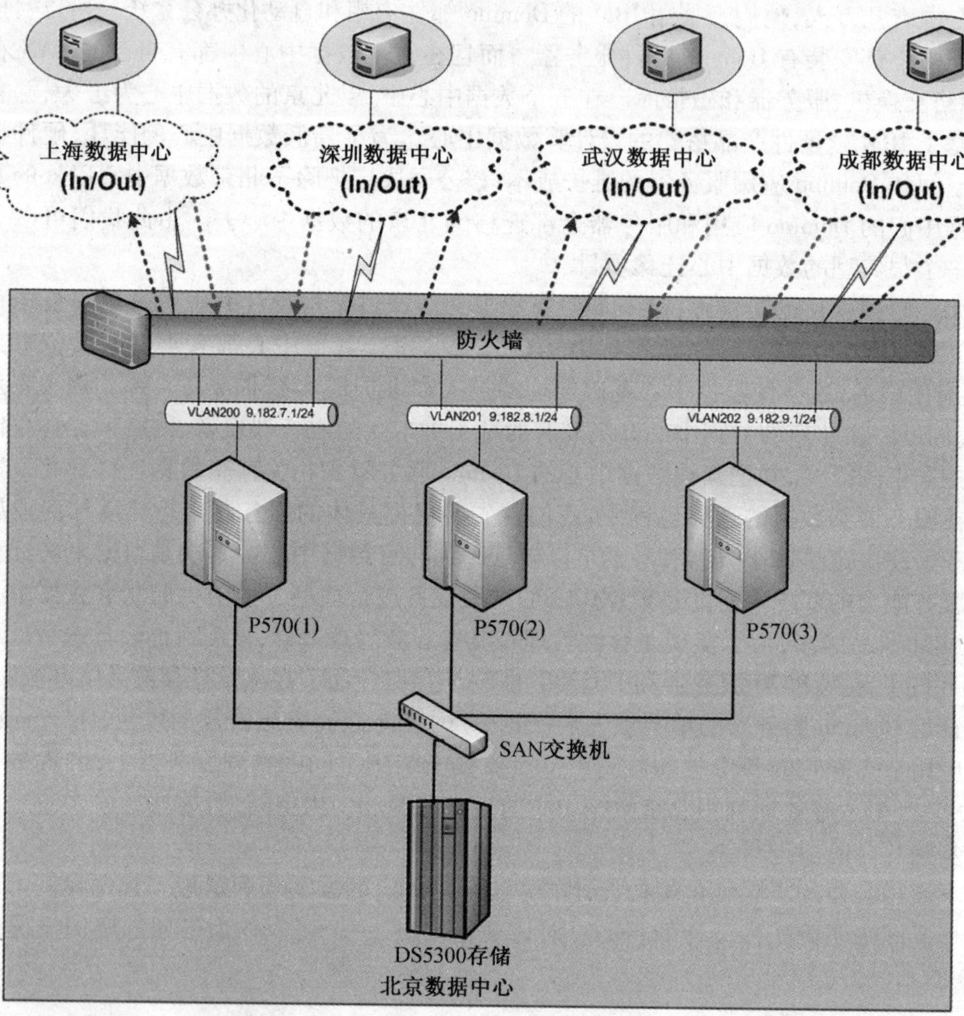

图 2.29　数据迁移项目架构概况图

通过图 2.29 可以很清楚地了解该公司当前数据中心的概况和北京数据中心的基本信息。当前的北京数据中心有三个 P570，它们都是通过一个 SAN 网络交换机连接到后台的

DS5300 存储上进行存储访问和数据备份恢复操作的。

架构概况图只是对架构设计方案的概念性理解，还不足以细化到具体的数据迁移步骤。架构师要继续进行部件级别的设计。首先要知道被纳入该数据迁移项目的服务器范围，也就是需要列出被要求迁移的 Domino 服务器的列表。系统架构师可以通过与每个数据中心的 IT 服务经理和日常系统维护人员联络来收集服务器的具体列表，该项目所包括的最终 Domino 服务器列表见表 2.22。

表 2.22 迁移的 Domino 服务器列表

服务器名称	操作系统	应用功能描述	位置
D02dbapp01	AIX 5.3	Domino 应用服务器 1	上海
D02dbapp02	AIX 5.3	Domino 应用服务器 2	上海
D02primail01	AIX 5.3	Domino 主邮件服务器 1	上海
D02primail02	AIX 5.3	Domino 主邮件服务器 2	上海
D02bckmail01	AIX 5.3	Domino 备份邮件服务器 1	上海
D02bckmail02	AIX 5.3	Domino 备份邮件服务器 2	上海
D03dbapp01	AIX 6.1	Domino 应用服务器 1	深圳
D03dbapp02	AIX 6.1	Domino 应用服务器 2	深圳
D03primail01	AIX 6.1	Domino 主邮件服务器 1	深圳
D03primail02	AIX 6.1	Domino 主邮件服务器 2	深圳
D03bckmail01	AIX 6.1	Domino 备份邮件服务器 1	深圳
D03bckmail02	AIX 6.1	Domino 备份邮件服务器 2	深圳
D04dbapp01	AIX 5.3	Domino 应用服务器 1	武汉
D04primail01	AIX 5.3	Domino 主邮件服务器 1	武汉
D04bckmail01	AIX 5.3	Domino 备份邮件服务器 1	武汉
D05dbapp01	AIX 5.3	Domino 应用服务器 1	成都
D05primail01	AIX 5.3	Domino 主邮件服务器 1	成都
D05bckmail01	AIX 5.3	Domino 备份邮件服务器 1	成都

通过表 2.22 可以知道，在该项目中会有 18 个 Domino 服务器分别从上海、深圳、武汉和成都数据中心迁移到北京的数据中心。作为系统架构师，只了解被迁移的服务器列表还是远远不够的，我们还要了解当前要被迁移的服务器的具体配置信息和服务器资源在生产线上的使用情况。比如说 IBM P 系列物理服务器自身的处理能力，每个 Domino 服务器所分配的 CPU 个数、CPU 使用率、内存大小、本地硬盘大小、SAN 网络硬盘大小和所对应的 DPAR 情况等。IBM P 系列物理服务器所对应的服务器处理能力可以根据 P 系列服务器的具体类型到 IBM 红皮书官方网站去查 IBM Power Systems Performance Report 获得具体数据。IBM 的红皮书网址是 http://www.redbooks.ibm.com/。

每个 Domino 服务器的 CPU 使用率可以通过 IBM AIX 操作系统中提供的 NMON 工具或客户所在公司的系统监控软件来获得。至于每个 Domino 服务器所对应的 CPU 的个数、内存的大小和 Domino 的 DPAR 分布情况可以通过向各个数据中心的服务器管理员和 Domino 系统的维护人员采集得到。为了给大家一个感性的认识，下面列出该项目的服务器配置信息见表 2.23。

表 2.23　Domino 服务器的配置信息表

服务器名称	服务器类型	单个 CPU 的 rPerf 值	CPU 个数	CPU 使用率	内存 /GB	本地硬盘 /GB	SAN 网络硬盘	Domino DPAR 信息
D02dbapp01	pSeries [9133-55A]	10.15	6	64.57%	16	4 × 73 GB	12×32 GB LUN	D02DB01 D02DB02
D02dbapp02	pSeries [9133-55A]	10.15	2	55.08%	8	4 × 73 GB	12×32 GB LUN	D02DB03 D02DB04
D02primail01	pSeries [9133-55A]	10.15	4	48.27%	8	4 × 73 GB	24×32 GB LUN	D02ML01 D02ML02
D02primail02	pSeries [9133-55A]	10.15	4	44.60%	8	4 × 73 GB	24×32 GB LUN	D02ML03 D02ML04
D02bckmail01	pSeries [9133-55A]	10.15	2	22.57%	4	4 × 73 GB	24×32 GB LUN	D02ML05 D02ML06
D02bckmail02	pSeries [9133-55A]	10.15	2	22.50%	4	4 × 73 GB	24×32 GB LUN	D02ML07 D02ML08
D03dbapp01	pSeries [9133-55A]	10.15	4	59.37%	16	4 × 73 GB	12×32 GB LUN	D03DB01 D03DB02

续表 2.23

服务器名称	服务器类型	单个 CPU 的 rPerf 值	CPU 个数	CPU 使用率	内存 /GB	本地硬盘 /GB	SAN 网络硬盘	Domino DPAR 信息
D03dbapp02	pSeries [9133-55A]	10.15	2	52.78%	8	4 × 73 GB	12×32 GB LUN	D03DB03 D03DB04
D03primail01	pSeries [9133-55A]	10.15	3	47.37%	8	4 × 73 GB	24×32 GB LUN	D03ML01 D03ML02
D03primail02	pSeries [9133-55A]	10.15	3	46.30%	8	4 × 73 GB	24×32 GB LUN	D03ML03 D03ML04
D03bckmail01	pSeries [9133-55A]	10.15	2	21.67%	4	4 × 73 GB	24×32 GB LUN	D03ML05 D03ML06
D03bckmail02	pSeries [9133-55A]	10.15	2	23.39%	4	4 × 73 GB	24×32 GB LUN	D03ML07 D03ML08
D04dbapp01	PSeries [7038-6M2]	4	4	89.97%	8	2 × 73 GB	8×32 GB LUN	D04DB01 D04DB02
D04primail01	PSeries [7038-6M2]	4	4	68.35%	6	2 × 73 GB	12×32 GB LUN	D04ML01 D04ML02
D04bckmail01	PSeries [7038-6M2]	4	2	27.67%	4	2 × 73 GB	12×32 GB LUN	D04ML03 D04ML04
D05dbapp01	PSeries [7038-6M2]	4	4	90.38%	8	2 × 73 GB	8×32 GB LUN	D05DB01 D05DB02
D05primail01	PSeries [7038-6M2]	4	4	61.37%	6	2 × 73 GB	12×32 GB LUN	D05ML01 D05ML02
D05bckmail01	PSeries [7038-6M2]	4	2	22.69%	4	2 × 73 GB	12×32 GB LUN	D05ML03 D05ML04

为了迁移以上的 18 个 Domino 服务器到北京的数据中心，我们首先要对目前北京的数据中心进行整体升级。通过图 2.9 可以看到北京的数据中心有 3 台 P570，它们都连接到一个 SAN 交换机上，SAN 交换机连接到一台 DS5300 的存储上。为了使当前的数据中心具有更多的服务能力，根据客户对此项目的预算最终确定多购买 2 台 P570 来创建更多的逻辑分区（LPAR），从而支持从其他数据中心迁来的 Domino 服务器。购买 2 台 P570 的原因是考虑到要实现对 Domino 服务器的灾难恢复功能，得把 Domino 主邮件服务器和备份邮件服务器

分别创建在不同的 P570 物理机上。另外,我们还需要多购买一台 SAN 交换机,以便和原来的交换机互为冗余热备份,同时要多购买一台 DS5300 的存储,用它和已经存在的 DS5300 一起做存储的冗余配置,来承载新迁移过来的 Domino 应用服务器的应用数据信息。

由于我们所迁移的目标物理服务器是 P570,为了计算被迁移过来的每台 Domino 应用服务器在新购买的 P570 上需要使用的 CPU 的个数,因此要计算一下每个 P570 所能够提供的服务处理能力情况。一般来讲,一台 P570 上会有 16 个 CPU,Power 6 的 CPU 频率是 4.2 GHz。我们可以通过查询 IBM 红皮书官方网站上的 IBM Power Systems Performance Report 得到具有 16 个 CPU 的 P570 的总服务能力(rPerf)为 122.67。计算每个 CPU 服务能力的通常公式是

每个 CPU 的 rPerf 值=(服务器的总 rPerf 值×1.5)/CPU 个数

对于以上具有 16 个 CPU 的 P570 而言,它的每个 CPU 的 rPerf 值=(122.67×1.5)/16=11.5。由于未来的 P570 要通过 IBM VIO 服务器来进行虚拟化,因此还要计算出每个要迁移过来的 Domino 服务器所需要的虚拟化 CPU 个数,也就是我们常说的 Virtual Processor(VP)的个数。可以参照如下公式进行计算:

VP Entitlement=『被要求 CPU 的 rPerf 值×(当前 CPU 的使用率 %)/目标物理服务器每个 CPU 的 rPerf 值』

服务器的 VP 就相当于服务器所需要的虚拟 CPU 的个数,所以 VP 的值一定是整数。如果以上公式所得出的值是小数,就要按上限取整。

由于我们执行的方案是把 Domino 服务器部署在已经配置为虚拟化的 P570 物理服务器上,因此可以通过 IBM 的硬件管理控制台(Hardware Management Console)来对 P570 物理服务器进行虚拟化配置,对 IBM 服务器进行虚拟化所使用的虚拟化技术是 PowerVM 和 IBM VIO server 服务器。在 IBM P570 被硬件管理控制台虚拟化后,对任何一个新创建的 Domino 服务器所在的逻辑分区(LPAR)都要设置它的最小 CPU(Minimum CPU)、期望 CPU(Desired CPU)和最大 CPU(Ma×imum CPU)。对于最小的 CPU,一般可以设成 0.1 或 0.2,最大的 CPU 可以设成 6 或更多,而期望 CPU 的值一般会设成应用服务器所需要的 VP 的三分之一,具体的公式如下:

期望 CPU(Desired CPU) = VP Entitlement /3

这些公式好像很抽象,以一个 Domino 服务器为例来进行说明。就拿表 2.22 中列出的客户上海数据中心中需要被迁移的第一台 Domino 邮件服务器 D02dbapp01 来举例说明。我

们通过表2.23看到该服务器原先有6个CPU,并且对应的单个CPU的rPerf值为10.15,它的CPU使用率为64.57%。我们可以把具体数据代入到以上公式中:服务器D02dbapp01所对应的VP Entitlement = (6×10.15)×(64.57%)/11.5=3.42,由于该值不是一个整数,所以要按上限取整,则该服务器所需要的虚拟CPU的个数VP=4。而该服务器所期望CPU=4/3=1.33≈1.4(向上进位)。

我们可以依此类推计算出所有需要被迁移的Domino服务器所对应的VP、最小CPU(Minimum CPU)、期望CPU(Desired CPU)和最大CPU(Maximum CPU)。这样所有要迁移的Domino服务器在目标P570上的虚拟化配置要求见表2.24。

表2.24 Domino服务器的虚拟化配置信息表

服务器名称	服务器位置和类型	最小CPU	期望CPU	最大CPU	CPU(VP)	内存/GB	本地硬盘/GB	SAN网络硬盘
D02dbapp01	P570#1 [9117-MMA]	0.2	1.4	6	4	16	2 × 146 GB	3×128 GB LUN
D02dbapp02	P570#2 [9117-MMA]	0.2	0.4	6	1	8	2 × 146 GB	3×128 GB LUN
D02primail01	P570#1 [9117-MMA]	0.2	0.6	6	2	8	2 × 146 GB	6×128 GB LUN
D02primail02	P570#1 [9117-MMA]	0.2	0.6	6	2	8	2 × 146 GB	6×128 GB LUN
D02bckmail01	P570#2 [9117-MMA]	0.2	0.2	6	1	4	2 × 146 GB	6×128 GB LUN
D02bckmail02	P570#2 [9117-MMA]	0.2	0.2	6	1	4	2 × 146 GB	6×128 GB LUN
D03dbapp01	P570#1 [9117-MMA]	0.2	0.7	6	3	16	2 × 146 GB	3×128 GB LUN
D03dbapp02	P570#2 [9117-MMA]	0.2	0.4	6	1	8	2 × 146 GB	3×128 GB LUN
D03primail01	P570#1 [9117-MMA]	0.2	0.5	6	2	8	2 × 146 GB	6×128 GB LUN
D03primail02	P570#1 [9117-MMA]	0.2	0.5	6	2	8	2 × 146 GB	6×128 GB LUN

续表 2.24

服务器名称	服务器位置和类型	最小 CPU	期望 CPU	最大 CPU	CPU (VP)	内存 /GB	本地硬盘 /GB	SAN 网络硬盘
D03bckmail01	P570#2 [9117-MMA]	0.2	0.2	6	1	4	2 × 146 GB	6×128 GB LUN
D03bckmail02	P570#2 [9117-MMA]	0.2	0.2	6	1	4	2 × 146 GB	6×128 GB LUN
D04dbapp01	P570#1 [9117-MMA]	0.2	0.5	6	2	8	2 × 146 GB	2×128 GB LUN
D04primail01	P570#1 [9117-MMA]	0.2	0.4	6	1	6	2 × 146 GB	3×128 GB LUN
D04bckmail01	P570#2 [9117-MMA]	0.2	0.2	6	1	4	2 × 146 GB	3×128 GB LUN
D05dbapp01	P570#1 [9117-MMA]	0.2	0.5	6	2	8	2 × 146 GB	2×128 GB LUN
D05primail01	P570#1 [9117-MMA]	0.2	0.3	6	2	6	2 × 146 GB	3×128 GB LUN
D05bckmail01	P570#2 [9117-MMA]	0.2	0.2	6	1	4	2 × 146 GB	3×128 GB LUN

当我们试图去了解表 2.24 的具体内容时,要特别注意如下事项:

①P570#1 表示新购买的第一台物理服务器。

②P570#2 表示新购买的第二台物理服务器。

③P570 的本地硬盘是 146 GB。对每个 Domino 服务器的本地硬盘都是 2 个 146 GB 硬盘,我们通过对两个本地硬盘做镜像来增加 Domino 服务器服务的可用性。

现在我们通过一个系统运行部署图来阐述迁移的具体步骤,如图 2.30 所示。

在图 2.30 中所有要被迁移到北京数据中心的 Domino 服务器都会按照表 2.24 的虚拟化配置要求在两台新购买的 P570 物理服务器上分别创建相应的配置。在 Domino 的迁移过程中,原先服务器上的 Domino 的 DPAR 所对应的进程将会被停止,并且预先在新购买的 P570 上创建好相应的 DPAR,以备数据的迁移之用,更详细的迁移步骤如下:

①数据中心维护人员初始化两台新的 P570 并通过 SAN 交换机连接到后台的 DS5300

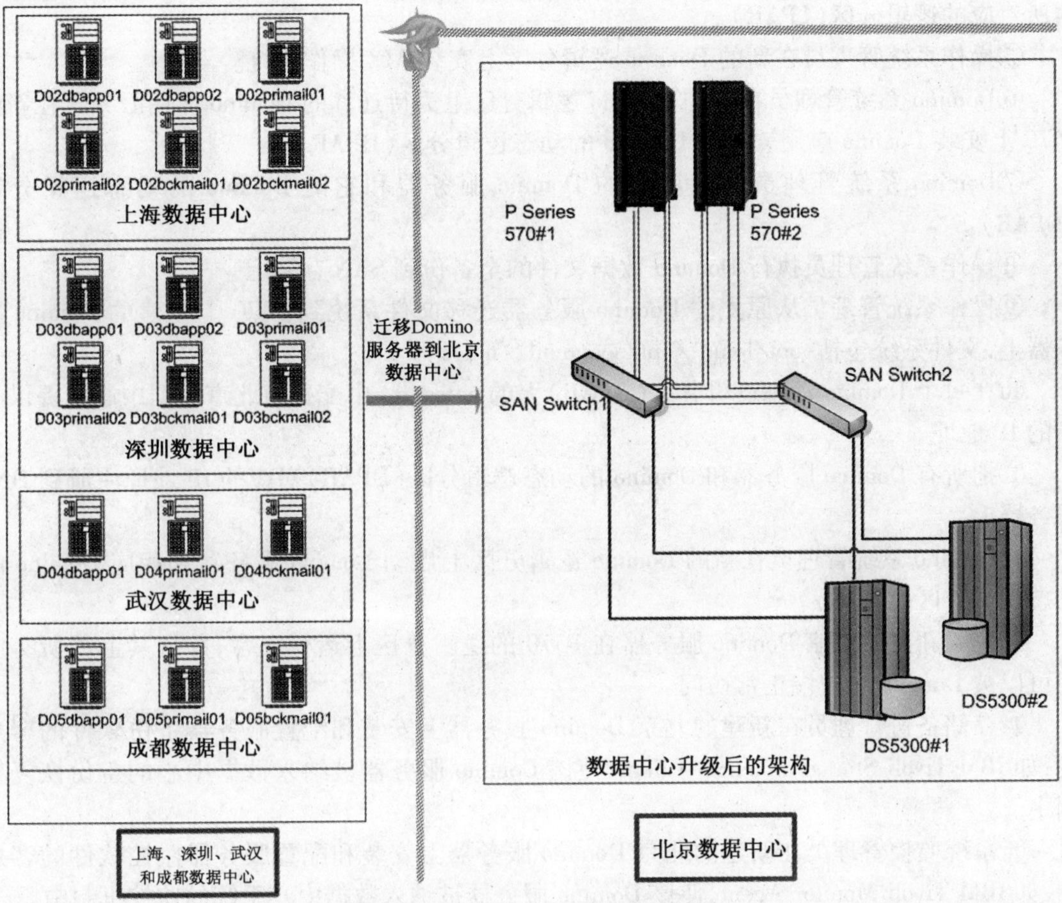

图 2.30　数据迁移系统运行部署图

存储。

②操作系统管理员通过 IBM 的硬件控制台(HMC)创建 IBM VIO 服务器来实现服务器的虚拟化配置。

③存储管理员按照表 2.24 的分配原则分配 SAN 网络硬盘空间给 IBM VIO 服务器，VIO 服务器负责统一支配虚拟存储资源给新创建的 Domino 服务器。

④操作系统管理员通过 IBM 的硬件控制台(HMC)在 P570 上创建相应的 Domino 服务

器所对应的逻辑分区(LPAR)。

⑤操作系统管理员在新的 Domino 逻辑分区上安装 AIX 操作系统。

⑥Domino 系统管理员在新的 Domino 逻辑分区上为待迁移的 Domino 应用服务器在新的 P570 上安装 Domino 应用软件和 Domino 的动态逻辑分区(DPAR)。

⑦Domino 系统管理员停止原先的 Domino 服务器和它的 Domino 的动态逻辑分区(DPAR)。

⑧操作系统管理员执行 Domino 数据文件的全备份到 SAN 存储上。

⑨操作系统管理员从原先的 Domino 服务器迁移文件系统到 P570 上新建的 Domino 服务器上,文件系统包括/opt/lotus、/opt/scanmail、/notes 等。

⑩在每个 Domino 动态逻辑分区(DPAR)上的 notes. ini 中配置由北京数据中心所提供的新的 IP 地址。

⑪把所有 Domino 服务器和 Domino 的动态逻辑分区(DPAR)对应的 IP 地址注册到 DNS 服务器上。

⑫Domino 系统管理员在新的 Domino 逻辑分区上启动 Domino 服务器和相应 Domino 的动态逻辑分区(DPAR)。

⑬校验新建的北京 Domino 服务器在 P570 的逻辑分区上运行正常,并且其上的所有应用可以被 Domino 客户端正常访问。

⑭存储备份管理员在新建的北京 Domino 服务器上安装和配置服务器备份软件的客户端,如 IBM Tivoli Storage Manager Client,使该 Domino 服务器被纳入数据中心的备份恢复机制中。

⑮系统监控管理员在新建的北京 Domino 服务器上安装和配置服务器监控软件的客户端,如 IBM Tivoli Monitor Agent,使该 Domino 服务器被纳入数据中心系统的监控机制中。

⑯对原先在其他地方的 Domino 服务器上的 notes. ini 进行重命名,从而阻止 Domino 后台进程的自动启动。

⑰对原先的服务器在数据中心中执行服务器的服务退役流程。

⑱对所有需要迁移的 Domino 服务器重复步骤⑥到步骤⑰。

2.11.2　云计算平台集成方案

本项目是搭建一个电信级的私有云计算平台。该云平台是构建一个统一资源管理的基础架构即服务的私有云平台。基础架构即服务是把基础设备(如服务器、存储、数据库和网络等)集成起来搭建一个IT服务能力动态供给和按需分配的平台。云平台是基于虚拟化技术的,也就是业务不需要关注是哪台服务器或数据库提供所需要的服务,云平台会按照业务的需要快速和按需地提供他们所需要的虚拟机、数据库和中间件应用。该平台上计算资源可以自动地汇聚并提供服务,可以弹性地为业务提供服务和扩展。因此,云平台具有虚拟化、标准化、自动化和可视化管理等特征,从而降低IT管理复杂性和运营成本,全面地支持了电信业务多变的灵活性和敏捷性的需要。

云平台的建设的范围包括服务器资源池、网络安全和存储备份的全盘规划,以期望达到未来支持1 000台物理服务器的私有云平台之目的。

在服务器资源池方面,具体的规划原则如下:

(1)资源池按照所属云平台的功能不同进行划分,分为基础设施资源池、业务资源池和数据库资源池。基础设施资源池负责虚拟化管理、云平台管理、存储管理、备份管理、监控管理、Windows域控、Symantec防病毒、SMTP邮件服务、DNS域名解析、Syslog日志管理、NTP时间同步、网页防篡改软件后台管理、VMWare和Windows补丁分发管理。业务资源池分为三个子资源池,它们是生产环境资源池、验证环境资源池和测试环境资源池,分别安装业务应用的虚拟机。数据库资源池承载SQL SERVER、ORACLE单点或ORACLE RAC集群数据库。

(2)业务资源池中的生产环境的服务器和验证环境的服务器类型尽量保持一致的原则。

(3)业务资源池中的生产环境、验证环境和测试环境之间不共享物理服务器。

在网络安全方面,建立在数据中心之上的私有云平台,其安全的定义较为明确,那就是保护该平台上信息系统的硬件、软件及相关数据,使之不因为偶然或者恶意侵犯而遭受破坏、更改及泄露,保证信息系统能够连续、可靠、正常地运行。从以下这三个方面考虑安全规划,在可用性方面,Radware和A10负载均衡设备用来实现业务应用的负载均衡,提高应用访问的高可用。在完整性方面,应用网页防篡改软件,实现Web应用和内容信息的自动自我防护功能。在机密性方面,引用IPS网络入侵检测和防护设备,并启用堡垒机实现统一的安全接入和审计管理等功能。图2.31是云计算数据中心架构部件(组件)模型图。

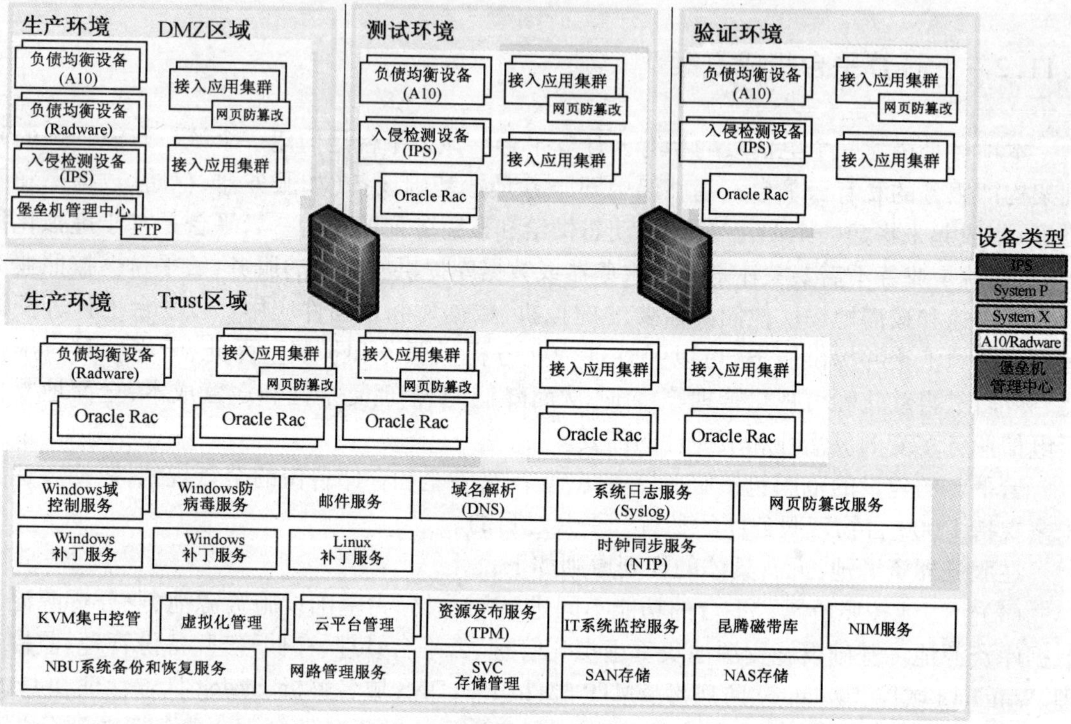

图 2.31　云计算数据中心架构部件(组件)模型图

如图 2.31,在数据中心防火墙上划分不同子端口,将网络划分为不同的区域来分离生产环境(DMZ Zone 和 Trust Zone)、验证环境和测试环境的虚拟机和应用,从而支持业务应用的安全接入访问。在网络 IP 地址规划上考虑网络地址的两个层次:物理资源的 IP 地址和业务资源的 IP 地址。物理资源的 IP 地址主要是指所有 VMWare ESXi 服务器的管理 IP 地址。业务资源的 IP 地址主要是对数据中心由防火墙隔开的逻辑安全区域(Zone)的业务应用虚拟机的 IP 地址划分。在防火墙和核心交换机上需要按照业务的需求做必要的 ACL 访问控制,具体的 ACL 访问控制表格式见表 2.25。

表2.25 ACL访问控制表

应用类型	应用名称	所在虚拟机名称	原虚拟机IP地址	原虚拟机子网掩码	原VLAN名称	原网络区域(Zone)	目标虚拟机名称	目标虚拟机IP地址	目标虚拟机子网掩码	目标VLAN名称	目标网络区域(Zone)	网络协议	开放的端口号
											DMZ Trust	Tcpudp	80 443

在存储规划方面,基本的规划原则是生产的数据库应用FC磁盘。生产的虚机、测试的数据库和测试的虚机用SATA磁盘。生产、验证和测试环境的网络文件系统或仲裁盘用NAS上的SATA磁盘。并且,实现存储和主机的WWN映射和安全访问管理,即生产环境的虚拟机所对应的文件系统不能被测试环境主机发现。

除了以上的规划工作,云计算平台的搭建过程中涉及很多硬件设备的集成和部署实施,具体的设备包括思科的N7K交换机和ASA5580防火墙,IBM的P系列服务器和X3850服务器,EMC的SAN交换机和SAN存储,Radware和A10的负载均衡设备,堡垒机和入侵防护设备(IPS)等。并且,安装Symantec的NBU备份软件提供数据的全备和增量备份。安装VMWare ESXi提供虚拟化操作系统的管理,集成云平台管理软件负责云计算资源的审批和快速部署等。

2.11.3 数据中心灾备方案

企业的业务运作对IT系统运作的依赖性越来越大,这意味着企业对信息系统运作的稳定性和可靠性的要求越来越高。如果IT系统毁坏而长期无法运行,会造成整个企业在营运上的重大损失以至倒闭。因此,每个企业均应事先妥善做好规划,以期能够于平时达到防患于未然的效果,万一灾害不幸发生,也可以降低灾害所带来的损失与风险,达成企业持续经营的目的。一个良好的系统与数据容灾方案的规划与实施,将缩短IT系统的恢复时间,让关键业务的运行间断很少甚至没有间断，从而极大降低外部灾难所带来的影响与损失。

通常关系到国民经济的行业，如银行、证券、保险和电信等。他们的业务对信息系统要求有更高的可用性和可靠性，这就对 IT 信息化系统的备份与灾备系统的设计和运行管理模式提出了很高的要求。因此，如何通过管理和技术提供系统 7×24 小时的高可用性，增强系统抵抗各种风险和灾难能力，保障业务的持续运作，已经成为信息系统建设中必须实现的任务。

行业的核心业务系统通常包括 ERP 系统、办公自动化 OA 系统、邮件系统、财务系统和 IT 服务管理系统等，并且关键业务数据需要进行备份。由于不同业务系统的重要等级不同，通常会对灾难恢复有不同的时间和数据一致性的要求。目前衡量业务系统连续性的指标有如下两个：

（1）目标恢复时间（RTO）。

目标恢复时间（Recovery Time Objective，RTO）是指灾难发生后，从 I/T 系统宕机导致业务停顿时刻开始，到 IT 系统恢复至可支持各部门运作、业务恢复运营之时，此两点之间的时间段称为 RTO。RTO 时间越短，即意味要求在更短的时间内恢复业务至可使用状态。虽然从管理的角度而言，RTO 时间越短越好，但是，这同时也意味着更多成本的投入。灾备项目一般是通过业务影响分析（Business Impact Analysis）的咨询服务，以访谈、问答和咨询的方式来最终确定 RTO 的目标值。

（2）目标恢复点（RPO）。

目标恢复点（Recovery Point Objective，RPO）是指对系统和应用数据而言，要实现能够恢复的数据的时间点和灾难发生时的原先生产数据差多长时间的交易数据。与 RTO 目标不同，RPO 目标的确定不是依赖于企业业务规模，而是取决于企业业务的性质和业务操作对数据的依赖程度。因此，RPO 目标对相同行业的企业而言会有些接近，而对于不同行业的企业来说仍可能会有较大差距。RPO 目标的确立仍是以咨询的方式，通过与各业务部门主管的交流，了解业务流程和 IT 应用的关系，以及通过回答问卷的方式，确定能够支持该企业核心业务的 RPO 目标值。

图 2.32 是一个同城或异地灾备系统运行部署图。

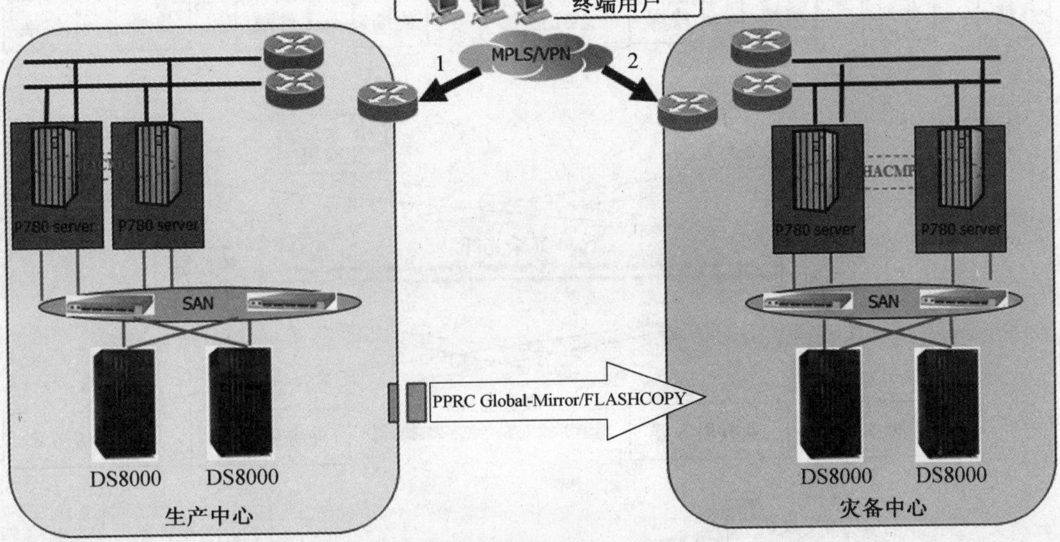

图 2.32 灾备系统运行部署图

灾备中心和生产中心的直线距离在 400 千米之内，生产中心和灾备中心采用 IBM DS8000 的 Peer-to-Peer Remote Copy（PPRC）的复制方式。PPRC 是基于数据级容灾解决方案，它提供点对点存储的指定逻辑卷的远程拷贝。生产中心的 DS8000 和灾备中心的 DS8000 通过光纤链路进行高速数据传输，保证生产中心的重要业务数据能实时同步复制到灾备中心的存储上。

2.11.4 数据中心双活系统方案

通过双活架构的部署，对于保障数据中心上现有系统从网络到数据存储无单点硬件故障，并且需要所采用的技术成熟性高。保障各业务系统的数据都有双存储冗余保护，并且对于系统除硬件设备故障外的逻辑故障建立有效备份和快速恢复机制。图 2.33 是双活系统架构运行部署图。

双活系统的基本框架设计需要考虑从终端网络、核心交换、服务器和数据存储层面实现双活，这样才能保障业务系统整体的双活。各个层面的双活需要通过以下技术和条件来保

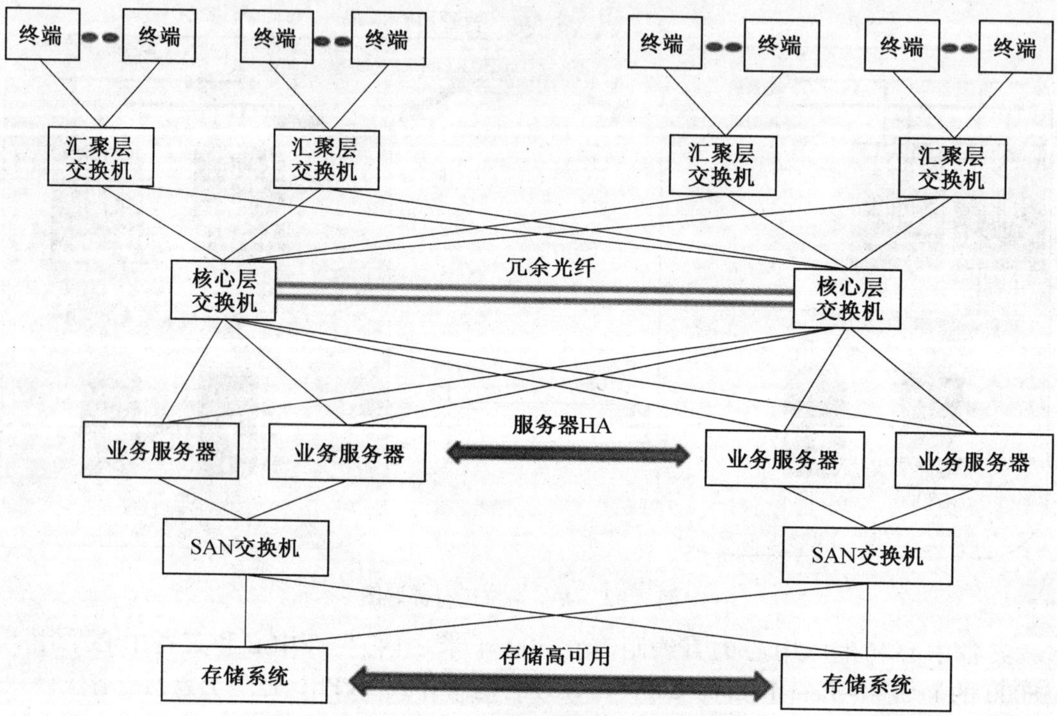

图 2.33　双活系统架构运行部署图

障：

(1)在网络层面，终端接入网络的双活是业务系统双活的保障。应该要保障业务系统终端到两个以上交换机之间都有独立的网络可以连接。与此同时，核心交换网络的双活是业务双活的基础，两台核心交换机之间需要采用互为冗余的架构，并且可以自动切换。如果两台核心交换机分别部署在两个机房或数据中心，可以考虑网络二层的打通，即一个 VLAN 可以横跨两个数据中心。思科的 N7K 交换机就有这个功能模块，俗称 Overlay Transport Virtualization(OTV)技术。

(2)在服务器层面，采用服务器的高可用集群技术(如 IBM Power HACMP 等)或者数据库的高可用技术(如 Oracle RAC 等)来保障服务器在单台故障时候可以切换到另外一台服务器。实现双服务器同时工作，单台设备故障时自动切换。

(3)在 SAN 网络层面,SAN 交换机的双活是存储双活的基础,两台互相独立的 SAN 交换机是必要的,SAN 交换机之间的切换可以通过存储多路径软件来实现。

(4)在存储系统层面,存储系统的双活是能够在两台不同的存储设备之间实现双份的数据镜像,保障两个存储数据的一致性,并且需要实现自动故障切换。可以采用基于服务器操作系统卷管理软件的存储镜像技术(如 IBM AIX 操作系统的 LVM 镜像、Oracle 数据库 ASM 卷管理技术、赛门铁克的 Storage 解决方案等)。该技术通过操作系统往两个存储设备同时写数据来保障数据一致性,并且可以任意读取任何一台的数据。采用 IBM V7000 存储进行现有存储的虚拟化整合,通过 SSD 盘优化性能、快照功能提供快速逻辑备份恢复,备份时间为秒级,恢复时间为分钟级。另外,存储系统之间的镜像复制(Metro Mirror)技术也可以保障双存储数据冗余。对存储系统的逻辑卷进行有效的快照(Flash Copy)也是系统加速恢复的有效办法。IBM V7000 存储的快照可以支持单个卷 256 份快照,快照占用的空间很小仅为快照存在期内的增量数据大小。通过快照加载和数据库日志回滚等策略可以快速地恢复由于逻辑错误导致的存储数据损失。

2.11.5 高性能 Web 站点方案

图 2.34 是典型的 B/S 或 C/S 的三层架构的运行部署图。

当 Web 站点的网页或组件的下载速度变慢时,比较省事的办法是增加服务器的带宽。带宽的单位是 bit/s,也就是单位时间的比特数。当然,Web 站点的所有网页都需要下载、计算和渲染,这些都需要时间。这就需要从 Web 浏览器前端、负载均衡、中间件处理、后台数据优化和分布式文件系统存储等环节进行优化。例如,可以充分利用浏览器端 Cache 策略减少网页或组件的重复下载;通过主流的 PHP、Ruby、ASP. NET 和 JSP 等服务器脚本语言来编写动态内容,并在脚本解释器中执行;提高 Web 服务器的并发处理能力,也就是最大吞吐率(Throughput),单位是 reqs/s(注释:LoadRunner 压力测试软件可以针对最大吞吐率进行测试);应用 F5 或 A10 等负载均衡设备来实现类似集群的 Web 服务器的横向扩展的处理能力;数据库可以通过 explain 命令来分析 SQL 查询语句的索引使用情况,有效地杜绝 SQL 语句的全表扫描的情况发生和确保数据库自身的统计信息的及时更新;在存储节点(Storage Node)上的分布式文件系统大大提高了应用文件的读取效率和存储的高可用性,最典型的是 Google 的 GFS 文件系统。Google 的 Map/Reduce 的分布式并行计算的开发框架可以实现海

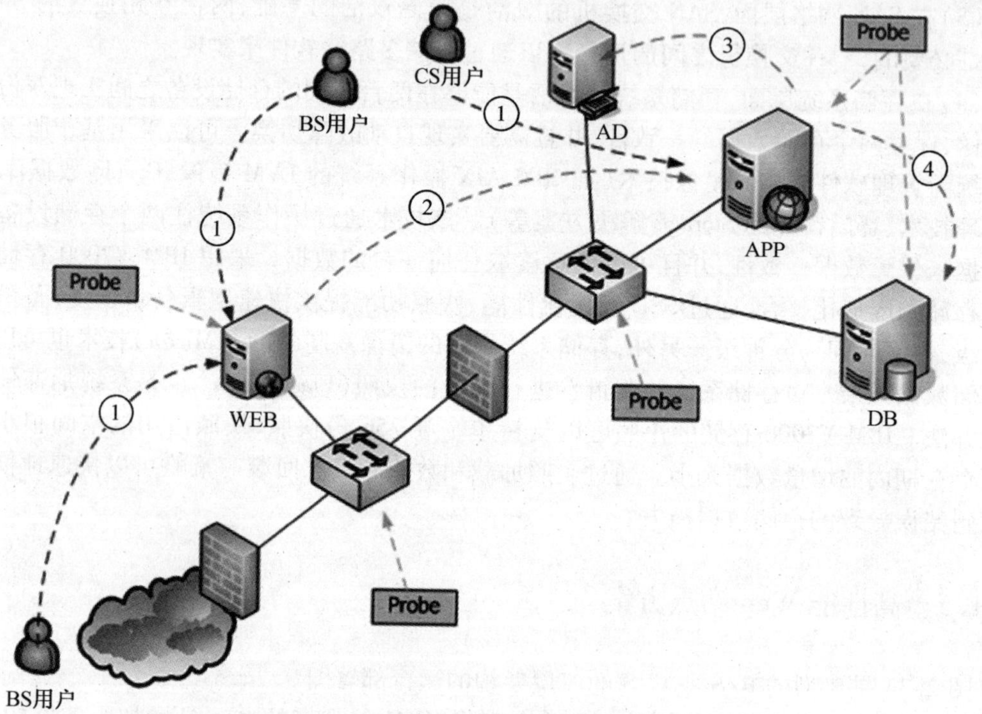

图 2.34　B/S 或 C/S 的三层架构的运行部署图

量的数据传输、容错和基于文件读写的负载均衡。

另外，在网络层面，为了验证数据的具体容量需求，可以通过建立数据流模型，尽可能了解应用数据流的特性。在实际网络中选择监控点，部署抓包工具 Probe，对捕获的数据流进行分析。除了网络层面的监控，基于服务器运行的 Nmon 也是一个不错的性能监视工具。Nmon 提供基于服务器终端命令行的监视界面，还可以通过专用的分析器将监视数据生成报表和曲线图。曲线图可以表示服务器的 CPU、内存的使用率和 IOWait 的比率，IOWait 是指 CPU 空闲并且等待 I/O 操作完成的时间比例。图 2.35 是服务器性能曲线图举例。图的横坐标为时间刻度，早上 8 点到晚上 23 点；图的纵坐标是百分比，表示 CPU 和内存的使用率。

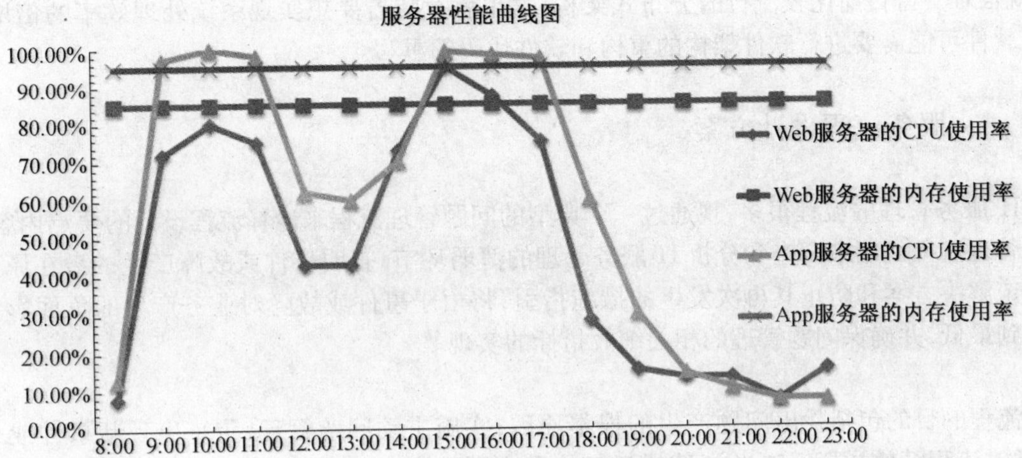

图 2.35　服务器性能曲线图

高性能 Web 站点方案一般支持多处理结点的并行处理和负载均衡，目前比较先进的阿里巴巴 B2B 商业网站平台更加支持类似 Hadoop 架构的分布式处理和交易处理结点按实际业务需要的动态横向扩展。并行处理技术会极大地提高业务交易响应和处理速度，那并行处理相对于线性处理会有多少倍的速率提升呢？我们且用阿姆达尔定律（Amdahl's）来提高一下感性认识。阿姆达尔定律是 G. M. Admdahl 在 1967 年针对并行处理的扩展性给出的一个模型，这个模型为分布式架构的设计者提供了理论依据和指导。

定律公式为

$$\text{Speedup}=1/((1-p)+p/n)$$

式中，p 为可支持并行处理的软件业务逻辑占该软件所有业务逻辑的比例，n 为并行的线程数量，Speedup 为并行后相比串行或线性处理提速的倍数。

我们来举一个例子，比如一个软件 90% 的业务逻辑可以支持并行处理，目前使用 10 个进程进行处理，那么并行处理的理论速度上限为不做并行时的 1/((1-90%)+90%/10)= 5.2 倍。如果支持并行处理的进程无限大，那么并行处理的理论速度上限为不做并行时的 $1/(1-p)$ 倍。反过来思考，如果一个软件系统支持所有业务逻辑的并行处理，即 p 等于 100%，那么并行处理的理论上限为不做并行时的 n 倍。为了提高软件业务逻辑的处理效率，就需要更多的业务逻辑在系统运行时能够支持并行处理。如果软件系统之前的设计是紧耦合的，就很难支持目前比较流行的分布式架构，这也就意味着要想实现系统处理效率的倍增，传统软件可能需要进行软件架构的重构和软件代码的重写。

2.11.6 服务流程设计方案

IT 服务管理的流程很多，现通过一个典型的问题管理流程来诠释流程设计的要点内容。问题管理流程是用来调查和分析 IT 服务管理的薄弱环节、查明事件或故障产生的潜在原因并制定解决方案和防止其再次发生的措施指引，将由于事件或故障对业务产生的负面影响减小到最低，并确保问题管理的相关绩效指标的实现。

流程的目的包括找出问题产生的根本原因；实施主动问题管理，防止出现新事件或故障；通过流程绩效指标反映当前 IT 基础架构和应用系统的运维服务质量；提高 IT 服务的可靠性、可用性，降低 IT 服务支持成本。

流程的管理范围包括 IDC 基础架构环境、应用系统、用户桌面、网络、邮件等业务相关的各种问题。具体包括如下两类应用场景：

(1)在处理 IDC 基础设施或应用程序 BUG 类故障(事件)单时，当业务服务已经恢复，但是未能发现根本原因，需要通过问题管理深入分析原因，寻找最终解决方案的情况。

(2)由运维技术人员通过主动问题分析发现问题并创建问题单。例如，IDC 基础设施维护人员在日常巡检时发现的潜在风险，就需要开问题单对问题进行持续跟踪。

流程的执行原则即可能的制度或政策如下：

(1)所有问题信息都应该被完整准确地记录下来，并保证相关信息应尽可能详细。

(2)所有问题提交人应参与和遵从统一的问题管理流程，不应该有任何例外。

(3)应该定期对问题管理流程的流程关键绩效指标和流程支撑工具有效性等进行回顾，以改进和优化流程。

(4)对未解决的问题，应该定期举行指定问题的回顾会议，讨论并对其进行评估与分析。

(5)已明确的问题根本原因和问题解决方案应申请纳入知识库。

(6)问题的分类与故障(事件)的分类应尽量保持一致。

(7)需要定期抽查问题单填写的质量，确保内容足够明确、详细。

流程的角色定义如下：

(1)问题管理流程负责人从宏观上监控流程，确保问题流程在IT运维服务团队范围内被正确地执行。随着业务需求和IT环境的改变，流程负责人必须定期或不定期进行流程分析，找出缺陷，进行改进，从而实现服务能力的可持续提升。

(2)问题经理负责协调问题管理活动的日常执行和问题管理流程中的工作调度，并负责直接接受用户或IT运维服务人员提交的问题记录。负责受理或创建问题单，跟踪，协调问题的最终解决。

(3)问题分析员通常是由IT运维服务二线和三线的专业技术支持人员担任，通常他们具有某个领域的技术技能。负责寻找问题的根源，并提供和协助落实解决方案，必要时寻求原厂或第三方资源的帮助。

(4)问题申请提交人负责对潜在问题进行分析和识别，收集问题相关信息并提交问题申请。

流程的概要设计是从逻辑层面对问题管理流程进行的描述总结，具体流程设计图如图2.36所示。

问题管理流程的主要活动包括检测与记录、审核与分派、调查与诊断、解决和恢复、问题关闭等阶段。在分析与诊断阶段，必要时要进行相应的技术升级。以下是具体的阶段描述：

1. 检测与记录

问题的监测与记录是问题管理流程的起点。该阶段是依据各种问题的触发条件，创建问题单和描述问题的相关信息。并且，根据问题所属领域进行分类，并初步判断问题的优先级。本阶段的重点是准确、完整地采集并创建一个问题单所需的必要信息。

2. 审核与分派

对所有提交的问题申请单进行审核，判断是否是需要解决的问题、是否构成问题，并对提交问题的内容完整性进行审核，以及确定解决问题的问题分析员人选并及时分派问题。

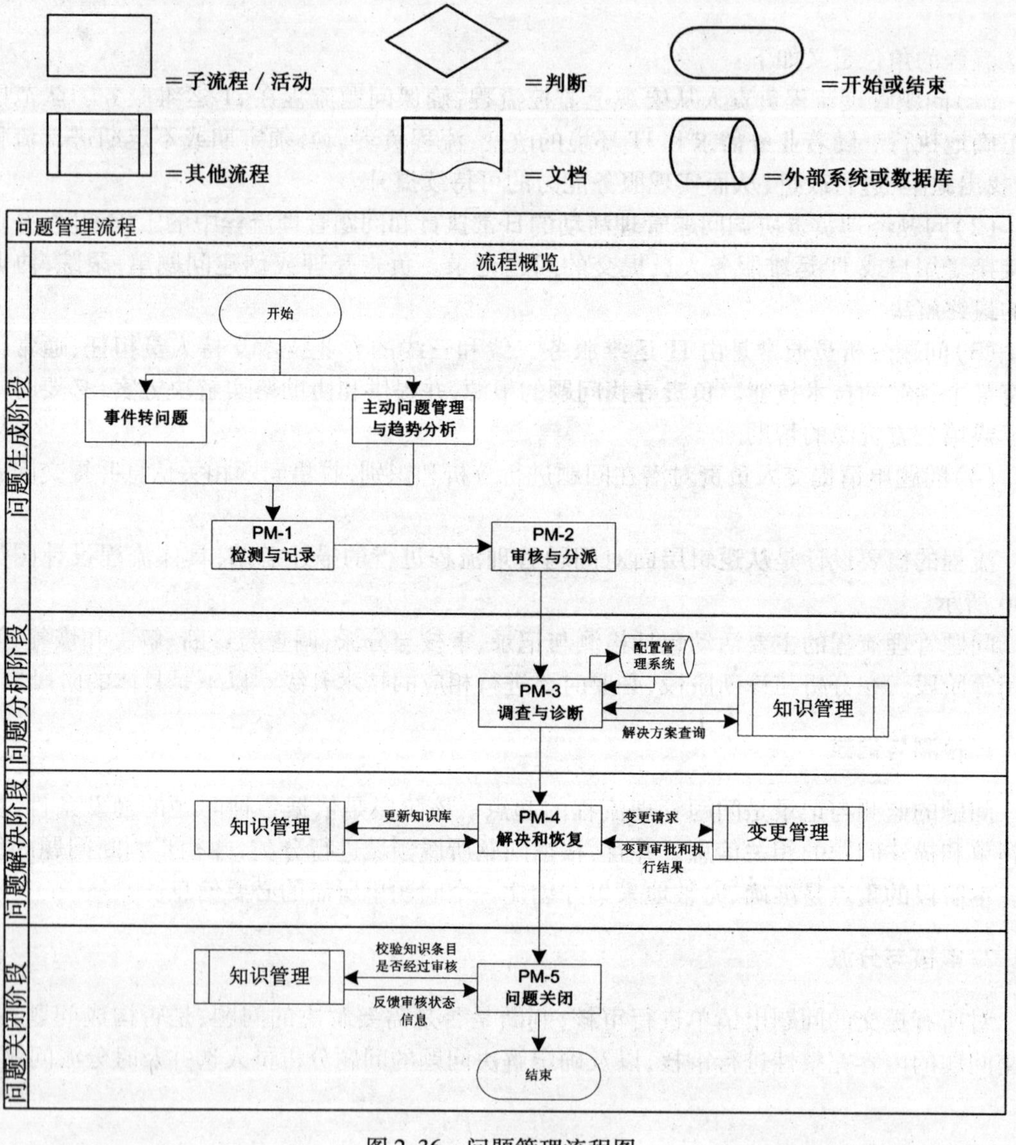

图 2.36　问题管理流程图

3. 调查与诊断

若无法找到匹配的已知错误，对问题进行深入的调查、分析与诊断，以寻找问题的解决方案。不同技术领域的问题分析员将会参与其中以寻求问题的最终解决方案，必要时会做技术升级以便快速解决问题。若找到问题根源，将问题第一时间标记为已知错误。

4. 解决和恢复

尝试使用解决方案和变通方法来解决问题。变通方法（也称临时措施）是指解决故障（事件）的临时修复方法或技术，目的是使用替代措施暂时恢复服务级别协议（SLA）中约定的服务，避免故障（事件）继续对业务产生影响，该故障（事件）的永久解决措施有赖于对该故障（事件）潜在的问题根源进行分析并最终解决。如果问题解决方案涉及变更，则在方案实施过程中，需提交变更申请单，走变更管理流程。

5. 问题关闭

若问题解决方案找到并被成功实施后，可与问题申请提交人进行确认，在确保问题信息的完整性与准确性后对问题申请单进行关闭，并对已经关闭的问题申请单有选择地进行回顾和总结。

流程的 KPI 指标是为了控制流程的质量，改善流程效率。通过对指标的分析，可以有效地对流程的运行情况进行监控和改进。具体 KPI 绩效指标见表 2.26。

表 2.26　问题管理流程 KPI 列表

序号	指标名称	指标类型	指标说明
1	问题单总数	日常统计指标	用途：当前问题的总数，用于了解系统中记录的问题数量 数量：在问题单中根据以下条件过滤 【重复问题标记】为空 【问题关闭代码】不等于“取消的问题” 【登记时间】在统计周期内

续表 2.26

序号	指标名称	指标类型	指标说明
2	在目标规定时间内成功解决的问题数量/比率	日常统计指标	用途:当前问题处于“已解决”状态并在目标规定时间解决的数量以及占总问题数的比例,用于了解问题处理完毕的情况 数量:在问题总数中过滤【问题状态】=“已解决”,并且实际解决时间小于问题的目标解决时间 比率:数量/问题总数×100%
3	对各类型问题平均受理时长	日常统计指标	用途:各种类型问题的平均受理耗时 数量:在问题单中过滤不同【问题分类】,按照不同【问题分类】计算【问题受理时间】减去【登记时间】的平均值 比率:不同【问题分类】的所有问题受理时长的总和/不同【问题分类】的问题数×100%
4	各类型问题平均分派时长	日常统计指标	用途:各种类型问题的平均分派耗时 数量:在问题单中过滤不同【问题分类】,按照不同【问题分类】计算【问题分派时间】减去【问题受理时间】的平均值 比率:不同【问题分类】的问题的所有分派时长的总和/不同【问题分类】的问题数×100%
5	对各类型问题解决的平均时长	日常统计指标	用途:各种类型问题的解决的平均耗时 数量:在问题单中过滤不同【问题分类】,按照不同【问题分类】计算【实际解决时间】减去【实际开始诊断时间】的平均值 比率:不同【问题分类】的问题的所有实际开始诊断的时长的总和/不同【问题分类】的问题数×100%
6	对各类型问题方案审批的平均时长	日常统计指标	用途:各种类型问题的方案审批的平均耗时 数量:在问题单中过滤不同【问题分类】关于【是否需要方案审批】为“是”的问题单,按照不同【问题分类】计算【实际方案审批时间】减去【转方案审批时间】的平均值 比率:不同【问题分类】关于【是否需要方案审批】为“是”的问题单所有转方案审批时长的总和/不同【问题分类】关于【是否需要方案审批】为“是”的问题单的数×100%

续表2.26

序号	指标名称	指标类型	指标说明
7	对各类型问题从已解决到已关闭的平均时长	日常统计指标	用途:各种类型问题的方案从问题解决到问题关闭的平均耗时 数量:在问题单中过滤不同【问题分类】计算【问题关闭时间】减去【实际解决时间】的平均值 比率:不同【问题分类】所有从问题解决到问题关闭的时长的总和/不同【问题分类】的问题单的数×100%
8	问题单的各问题原因代码比例	日常统计指标	用途:问题单各问题原因代码比例 数量:在问题总数中过滤不同【问题原因】 比率:数量/问题总数×100%
9	对问题分类一次性正确指派的比例	日常统计指标	用途:问题分类一次性正确指派的比例 比率:一次性正确设置问题分类的正确数量/该类别问题总数×100% 注释:问题单提交后,如果问题类别修改过则不为一次性正确设置,否则为一次性正确设置
10	对问题优先级一次性正确指派的比例	日常统计指标	用途:问题优先级一次性正确指派的比例 比率:一次性正确指派问题优先级的正确数量/该优先级问题总数×100% 注释:判断问题优先级字段在提交问题单后有无修改,有则不是一次性正确设置,否则为一次性正确设置
11	对问题的一次性成功解决的比例	日常统计指标	用途:对问题一次性成功解决的比例 比率:一次性成功解决问题的数量/问题总数×100%
12	知识条目数目	日常统计指标	用途:增加到信息中心知识条目的数目 数量:增加到知识库中知识条目的数量 比率:数量 每(月)或每(年)
13	问题由变更解决的比例	日常统计指标	用途:对问题单由变更解决的比例 比率:问题单由变更解决的数量/问题总数×100%

第3章 服务转换

服务转换是通过建立一个服务转换框架(Framework)来为新的或者需要经过变更改良的服务从服务设计到服务运营的转换能力提供指导,并在转换的同时控制转换或变更的风险和降低失败的可能性。通常公司或企业是通过项目管理的方法去有效控制服务转换的过程。本章通过对项目管理的知识体系的介绍和项目管理资产的汇总来具体阐述服务转换的过程控制。

图3.1是国际架构师认证组织OPEN GROUP的TOGAF理论体系对企业信息环境的管理框架图,它给出了一个企业各类管理要素之间的关系。项目管理在该管理框架图中起到了承上启下的作用,即把企业服务设计的架构方案成功交付到运营管理阶段。

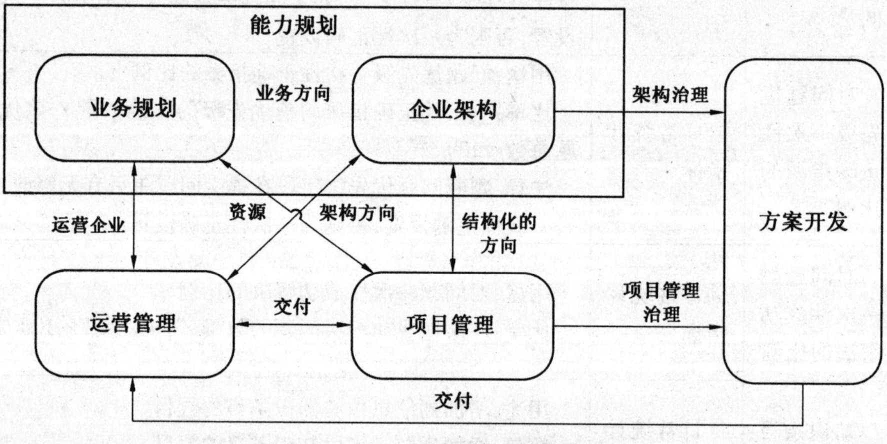

图3.1 企业信息环境的管理框架图

项目管理的知识体系在目前的企业管理中正得到广泛的应用,对项目管理知识体系的了解对企业的每一个员工都越发重要了。那么项目管理的学习能够给我们具体带来什么样的好处呢?简单来说,您可以通过项目管理的学习来改变你对项目管理知识体系的认知,甚至改变您的传统思维模式。使您成为一个精通项目管理知识的人,并通过应用项目管理知识到具体的服务转换和服务沟通协调中来使企业在项目实施过程中真正受益。

项目管理学习的过程就是一种心智模式改变的过程。通过本书项目管理知识的学习，您可以掌握项目管理的标准体系架构，了解现代项目管理的流程和核心概念，熟悉项目管理具体的资产工具，培养理性决策的思维能力，应用PMP项目管理的知识体系和项目管理模板来成功管理项目。对项目管理知识点的全局把握和融会贯通的能力，不仅仅是对IT项目经理来说的，对于IT架构师和每一个参与项目的所有干系人都是非常重要的。

目前的社会已经进入到了一个崇尚知识和能力的时代，项目管理能力是在实践中得来的。俗话说："实践出真知。"在你有效地学习项目管理知识的同时，请不要忘记在项目实施的实战中去不断锻炼和提高你在项目管理中的技巧和能力。这一点不但对项目经理很重要，它同样是IT架构师和技术实施人员的项目参与技巧和服务意识提高的必修课。

3.1 项目管理的起源与发展

项目管理是从统筹分析法和优选法中发展起来的。在古代的大型项目如建造长城和金字塔，动辄数百万人参与。那时的工程是简单地完成任务，并不考虑人员的投入和资源的耗损。其实，项目管理的知识在应用到超大规模的工程中，起到了至关重要的作用。在刚刚过去的20世纪40年代初期，美国人开启了曼哈顿计划(Manhattan Plan)。该计划利用原子核裂变反应原理来研制世界第一颗原子弹，该项目集中了当时西方世界最优秀的核科学家，动员了将近10万多人参加这一巨大的工程。曼哈顿计划历时3年，耗资20亿美元，终于在1945年7月成功地进行了世界上第一次核试爆，并按照既定的计划制造出两颗实用的原子弹，一个叫"胖子"，另一个叫"男孩"。这是一个非常成功的早期项目管理案例。美国人通过把该项目的可交付成果，也就是我们现在都知道的原子弹分别投掷到日本本土的广岛和长崎上空。原子弹的巨大威力迫使日本人无条件投降，避免了盟军的更大损失，并提前结束了第二次世界大战。那么盟军会因为该项目避免多大的损失呢？当时盟军除了日本本土之外，在太平洋上还有很多岛屿没有解放。如果一城一池地攻打，盟军的损失是难以估量的。我们可以拿同一时期的德国柏林攻坚战作为参照，之所以盟军的最高统帅艾森豪威尔把攻坚战的任务交给了当时的苏联斯大林政府，最根本的原因是因为他预计此次战役会使盟军损失10万人的兵力。在苏联的朱可夫军队最终攻占柏林后，他们的实际损失竟然高达30万人。可见一个伟大的项目可以改变人类历史的进程。

人类历史上又一个伟大的项目是发生在 1961 年美国的阿波罗(Apollo)登月计划(又称阿波罗工程),美国从 1961 年到 1972 年从事了一系列载人登月飞行任务。该登月项目开始于 1961 年 5 月,直到 1972 年 12 月第 6 次登月成功结束,历时约 11 年,耗资 255 亿美元。在该项目高峰时期,参与工程实施的有 2 万家企业、200 多所大学和 80 多个科研机构,总人数超过 30 万人。人类通过这个项目第一次登上月球。1969 年 7 月 16 日是一个值得纪念的日子,美国宇航员尼尔·阿姆斯特朗、埃德温·奥尔德林、迈克尔·科林斯驾驶着阿波罗 11 号宇宙飞船跨过 38 万公里的征程,承载着全人类的梦想踏上了月球表面。这确实是宇航员个人的一小步,但它是整个人类迈出的伟大一步。该项目见证了人类远古"嫦娥奔月"梦想的最终实现,这一步跨越了整整 5 000 年的时光。

这两个改变人类历史进程的项目也见证了美国人的项目管理体系的成熟过程,由此可见美国人的项目管理是从军事和国防项目中逐渐总结出来的理论成果,并逐步把项目管理的理论从军事领域渗透到民用领域。

随着项目管理知识的不断成功应用,项目管理协会(PMI)1969 年诞生于美国费城的宾夕法尼亚大学。该协会的成员是项目管理专业领域中由研究人员、学者、顾问和经理组成的全球性的最大专业性组织机构。目前拥有来自全球近 200 个国家和地区 100 万个以上会员。项目管理的认证考试也在世界得到广泛的认可,项目管理协会在全球 100 多个国家或地区设立分支机构并组织考试。目前最流行的项目管理考试是 PMP(Project Management Professional)认证考试,它是项目管理专业人士的资格证书,也是基于项目管理知识体系的职业认证。在 1984 年,该考试在美国首次举行,并在 2000 年 6 月成功引进中国。项目管理被美国的《财富》杂志评测为 21 世纪的首选职业。近年来由英国政府商务办公室(Office of Government Commerce ,OGC)推出的受控环境下的项目管理 PRINCE2 也强势进入中国,PRINCE2 是 PRINCE(Projects IN Controlled Environments)的第二版。PRINCE 是 20 世纪 80 年代开发出来的,PRINCE2 是在 1996 年最终改版完成的。PMP 强调项目过程和活动的分解,比如我们熟知的 Work Breakdown Structure(WBS),而 PRINCE2 相对于 PMP 来讲更强调以产品交付为中心的项目管理,将产品进行结构分解 Production Breakdown Structure(PBS)。并且,PRINCE2 着重强调持续的商业论证(Business Case)和项目的投资回报(ROI)在项目管理过程中的重要作用。PRINCE2 作为 PMP 知识体系的有力补充必将在中国市场上引起另一个项目管理学习的狂潮。PMP 和 PRINCE2 证书伴随着国外成熟的项目管理理论在中国的不断成功践行而越来越被中国本土的项目经理所广泛认可,并成为项目经理职业生涯发展的必由之路。

中国经济的蓬勃发展也预示着会有越来越多的项目在中国落地和展开。中国在未来会需要数以百万经过认证的项目管理人才,以满足经济发展的需要。而在中国的人才市场上,持有 PMP 和 PRINCE2 认证的项目经理的供给远远不能满足企业的大量需求。由此可见,项目经理和相关项目管理工作已经成为21 世纪通向成功之路的“黄金职业”。我们从项目和项目管理的基本定义入手,逐步为各位读者展示项目管理相关的绚丽篇章。

3.2 什么是项目

项目是为创造独特的产品、服务或成果而进行的临时性工作。项目(Project)与日常持续(On going)运营(Operation)的工作是有区别的。项目要有明确的目标、起止时间和有限的人力资源。PMP 中对项目的英文标准定义如下:

A project is a temporary endeavor undertaken to create a unique product, service, or result.

项目具有三大特性:临时性、独特性和渐进明细。临时性是指项目有明确的开始和结束时间;独特性是项目有独特的产品或服务,并且每个项目都是唯一的(Unique);渐进明细是指项目的交付产品或服务随着项目的具体执行而逐渐清晰和明确。项目的临时性并不意味着项目的时间短暂。大多数项目都是为了得到持久的结果。比如北京的奥运场馆在奥运会后还继续提供给市民进行参观和使用。临时性预示了项目总有开始和结束的时限。一个项目可以结束于项目目标已经实现,或项目的必要性和可能性已经不复存在。比如该项目所开发的产品在市场上已经没有需求,或在市场上已经没有竞争优势。项目的独特性是项目创造独特的可交付成果(Deliverable),独特性导致不确定性、差异性和风险。就像古希腊哲学家赫拉克利说的“人不能两次踏入同一条河流”。项目的独特性特点是相对于日常运营的持续性而说的。项目的渐进明细可以体现在项目管理计划是根据项目信息的逐渐清晰而滚动式规划的。一般在项目管理计划中,项目经理只详细列出近一个月的任务清单,更长远的任务项目会初步地列出并在项目执行过程中渐进明细。项目的独特性和渐进明细的特点在软件或科研产品开发的项目中体现得最为明显,为了适应软件产品的开发特点,在软件工程里特别定义了基于独特产品原型开发的开发模式和迭代的开发理论 Rational Unified Process(RUP)。

3.3 什么是项目管理

一个企业的管理分为战略管理、项目管理和运营管理。战略管理是对企业的战略决策进行管理,运营管理是对企业日常维护进行管理,而企业往往是通过项目管理来把企业的战略决策转化为日常的运营维护。

项目管理的定义是将知识、技能、工具与技术应用于项目活动中,以满足项目的要求。项目管理的英文标准定义如下:

Project Management is the application of knowledge, skills, tools, and techniques to project activities to meet the project requirements.

目前比较流行的项目管理软件有微软的 Microsoft Office Project 和 IBM 的 Rational Portfolio Manager(RPM)。尤其是 IBM 的 RPM,它已经实现了对项目的整个生命周期的各个阶段、项目知识领域和项目管理过程组的全面管理。图 3.2 列举了 IBM 项目管理信息系统的功能模块图。

图 3.2 IBM 项目管理信息系统的功能模块图

一个项目根据项目的复杂程度可分成一个或多个阶段。项目阶段很好理解,它是为完成项目的可交付成果而在需要特别控制的位置将项目分界。项目开发团队可以把一个软件开发项目划分为两个阶段。项目的第一阶段用来实现被开发软件的主要功能性需求。项目的第二阶段可以实现项目的次要功能性需求和一些非功能性需求,如软件性能、安全、易用性和可用性的要求等。其实,项目的阶段划分主要是为了项目控制的需要。而项目生命周期是项目的阶段按照顺序排列或交叉排列的集合。

大家都知道,项目管理中定义了五大过程组,它们是项目启动、项目规划、项目执行、项目监控和项目收尾。项目管理过程组的定义和质量管理的戴明环的基本原理是相通的。戴明环,也叫 PDCA 循环,因为它是20世界60年代戴明博士提出来的,所以也叫戴明环。我们在这里提到的 PDCA 是英语单词 Plan(计划)、Do(执行)、Check(检查)和 Action(行动)的第一个字母的组合。在项目启动后就触发了 PDCA 循环,Plan 阶段对应项目规划,Do 阶段对应项目执行,Check 阶段对应项目监控,而项目收尾将预示着本轮或 PDCA 循环的最终结束。

项目启动的关键是制定项目章程、识别项目干系人和确定项目经理并获取授权。根据项目规划来制订项目管理计划、范围规划、范围定义,并制订工作分解结构等。项目执行是整合所有资源并按事先定义好的项目计划进行运作,其中包括指导与管理项目执行、实施质量保证、项目团队建设(Team Building)等。项目监控是按照既定的项目计划对项目执行的具体情况进行监督、进度控制、实施控制质量和风险监控等。项目收尾通常包括结束项目和结束采购两个过程。在客户认可项目最终的产品或服务之后成功地结束项目,而项目的历史信息和经验总结会被记录在企业过程资产中,IBM 的 RPM 就可以有效记录以上过程资产。

项目管理是一门艺术,它可以把零散的事情系统化,把复杂的事情简单化,把简单的事情量化,把量化的事情专业化,把专业化的事情模板化。为了确保项目的成功,作为一个好的项目经理(Project Manager,PM),就要在你所领导的项目中制定项目管理流程。管理一个项目通常要包括如下流程和内容。

1. 明确项目的优先级

项目是要满足其所在的公司或组织的商业战略的需要。项目必须适应组织的远景规划并和企业战略目标相一致。企业或组织根据战略的需要通过对项目的优先级进行排序来影响项目,而项目的优先级排序则取决于风险、资金和组织的战略计划。具体来讲,风险的级别、组织的业务范围和项目的战略定位决定了对具体项目的资金投入和支持力度。

2. 制定项目章程

项目章程是启动一个项目或项目阶段必不可少的文件。它起到识别和确定一个项目存在的意义，主要回答为什么（Why）做这个项目的问题。项目章程对项目做出整体介绍或概括，主要包括项目的目的、组织描述、客户需求、投资回报、项目风险、里程碑和财务预算等。在项目的启动过程中，制定项目章程活动将定义其初步范围，落实财务资源，选定项目经理，并识别内部和外部干系人（Stakeholder）的初步要求和希望。项目经理无权批准或发布项目章程。项目章程是由项目组织外部的、合适级别的、项目发起人来发布的。项目章程的批准标志着项目的正式启动。项目章程的主要作用之一是给项目经理授权，从而保证项目资源的到位。项目章程建立了项目与组织的战略和日常运营工作间的联系。项目发起人（Sponsor）或项目经理在拟定好项目章程后，相关的干系人会审批项目章程。然后，由项目组织外部的、合适级别的项目发起人发布出来。项目干系人可以通过项目章程来了解项目的初步要求和范围。

3. 识别项目干系人和处理干系人的期望

项目管理中要识别干系人并对项目干系人的期望进行管理。项目干系人是积极参与项目或其利益可能受项目完成所带来的积极或消极影响的个人或组织。干系人的影响在项目之初最大，随着项目的进展而逐渐降低。项目的管理从某种意义上讲是对人的管理，项目成功不成功就是要看项目干系人是否满意。

4. 识别项目需求，确定项目范围及项目管理计划

识别项目需求，反映项目需求的项目需求规格说明书文件要给项目经理和客户审批。只有在客户审批后的项目需求规格说明书才可以被用来撰写概要设计说明书和项目管理计划以及未来项目执行偏差管控的参考依据。概要设计说明书也是我们通常所说的项目范围，说明书主要回答做什么（What）的问题，它阐明了要完成的工作和可交付成果，形成项目与客户之间协议的基础。项目管理计划主要回答如何做（How）的问题，比如说如何在项目中进行范围管理、进度管理、成本管理、质量管理、沟通管理和风险管理等。项目管理计划要在项目实施开始之前完成，它要经过管理层和客户的批准。项目管理计划会在项目的进展中不断更新来渐进明细。项目管理计划的详细程度取决于实际的项目复杂度。在项目管理计划中会有基准的概念,基准是已经批准的项目计划加上或减去已经批准的项目变更。常见的项目基准有范围基准、进度基准和成本基准。项目管理计划是用来指导与管理项目实施,而基准是用来测量项目绩效,其变更需要有更严格的审批手续。只有变更控制委员会才有权批准基准的变更,项目经理是没有权力对基准直接进行变更的。

5. 平衡相互竞争的项目制约因素

项目制约因素包括范围、质量、时间、成本、资源、风险和干系人满意度等。一个因素的变化至少会影响其他的一个或几个因素。不同的项目干系人会对不同制约因素对项目的影响意见不一致,这会增加项目管理的复杂度。项目经理要能够正确分析项目状态以平衡各方的要求。

图 3.3 是干系人满意的六要素的图例展示。

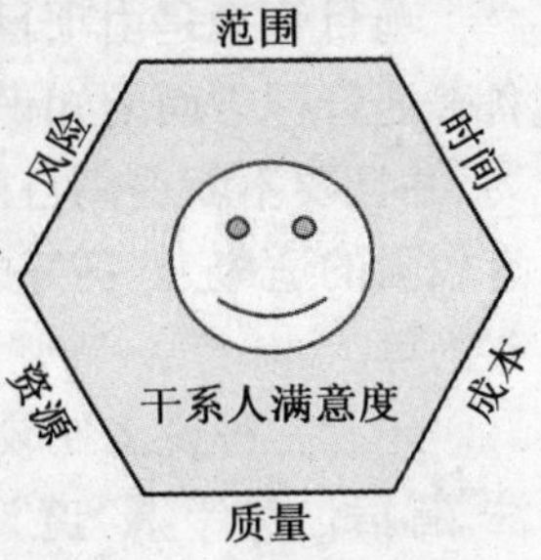

图 3.3　干系人满意的六要素

6. 对项目进行监控和管理

被监控的信息包括项目存在的问题和风险、可交付成果的完成和审核状态、项目进度进展情况、已发生和预计花费的成本等。通过对项目的有效监控和管理来确保项目所交付的成果能够满足客户的要求。

7. 项目收尾和验收

提供客户或发起人对项目交付成果进行验收通过的证据,并对项目实施过程评价和总结。发起项目的最终绩效报告评估、客户满意度调查和项目转运维的操作。

一个成功的项目要看你是否在规定的时间和既定的成本下交付给客户一个符合既定质量要求的产品或服务,并使干系人满意。项目经理是管理项目各个阶段的一个集成者(Integrator),他或她需要对大多数项目决策负责。作为一个集成者,项目经理必须控制每一个计划编制、绩效监控和问题解决。至于适当的权衡决策,项目经理必须收集所有项目信息并能够应用专家判断。一般来讲,项目管理是否能够真正成功取决于很多相关因素,诸如高级领导的支持、明确的目标和范围、优秀的项目经理、项目团队积极参与、客户的全程参与、分包商的良好沟通、严密而灵活的计划、随时监控反馈、正确的技术和方案支持。这都体现了项目经理的综合管理能力和职业素养要求。

3.4 项目经理的综合能力和素养修炼

项目经理是组织委派其实现单个项目目标的个人。项目经理的角色主要职责包括制订项目管理计划及相关子计划、识别和应对风险、监控项目的进度和预算、准确和及时报告项目指标，确保项目按照原计划和在预算内完成。

项目管理是由项目经理来具体实现的。项目经理要想实施有效的项目管理，除了应具备普通管理方面的知识和能力以外，还要具备项目管理知识、实践和应用项目管理知识的能力，并且要不断提高自己的个人素质和个人魅力。项目经理的个人素质和魅力主要体现在有较强的适应力、良好的判断力、优秀的领导力、娴熟的谈判力、超强的沟通能力和敏锐的洞察力等。

还有一种说法比较新颖，那就是项目经理要具备《孙子兵法》所要求的十点："道天地将法，智信仁勇严。""道"就是方向，就是你的项目要符合公司的商业战略方向。"天"是天时，"地"是地利。项目在运作实施的过程中要符合一定的天时和地利。有些项目的启动的时间和地点要顺应企业和市场的潜在要求。"将"是用人，项目经理要物尽其材，人尽其用。在楚汉相争时，虽然刘邦刚开始的实力不如项羽，但是他能够启用萧何管理后勤和国家行政事物，启用张良为其运筹帷幄决胜千里，启用韩信为其统兵打仗，最后败项羽于垓下。可见刘邦的用人之道还是很有一套的。就像刘邦在他的大风歌里唱到的那样："大风起兮云飞扬，威加海内兮回故乡，安得猛士兮守四方"。项目经理要善于发现有利于项目的真正的"猛士"来推动项目的运作，以达到"守四方"的目的。"法"是在项目管理中运用适合的价值体系，项目经理要根据项目实际的需要来制定必要的项目管理流程。"智"是智慧和聪明，就是你要明晰项目和团队的需要，并有灵活应对的办法和处理项目中突发事件的能力。"信"是诚信，项目经理要遵守项目管理协会的道德行为规范。"仁"是仁义。孔子讲仁者爱人，真心尊重和关心下属或团队成员。何谓真心？孔子讲得好："己欲立，而立人；己欲达，而达人；己所不欲，勿施于人。""勇"是敢于承担责任，在项目的运作过程中时刻提醒自己是项目的所有者，要遇到事情一肩挑起。"严"是公平。"勇"和"严"这两点也是美国项目管理协会的道德行为规范所要求的。

一个优秀的项目经理同样也应是一个卓越的领导者。你的影响力也可以是以多种形式表现出来的。项目经理就是要通过项目实践来不断扩大自己对公司内部的部门或客户的影响力,从而推动项目的正常运转和成功结束。其中最重要的是对客户及重要干系人的影响,接下来我们来阐述什么是干系人,以及如何对干系人进行有效管理。

3.5 项目干系人管理

项目干系人是参与到项目中或其利益可能会受项目实施或完成的积极或消极影响的个人或组织,其中包括项目发起人、客户、项目经理、项目管理团队和项目执行组织等。项目干系人的英文定义如下:

Stakeholders: individuals and organizations who are involved in or may be affected by project activities. Examples of stakeholders include the project manager, team members, the performing organization, the project sponsor and the customer.

项目干系人会对项目施加影响,干系人对项目变更的影响在项目刚开始时最大,以后会逐渐降低。原因是项目的变更成本随着时间的推移会越来越大。为了明确项目的要求和所有相关方的期望,项目经理要识别项目干系人,对干系人的影响进行分类(支持与反对程度,影响力强弱),分析项目干系人的需求,并对他们的需求进行平衡和管理。项目经理要定期和主动地与高层经理和项目团队进行沟通,并且不要忽视消极干系人的影响,忽视消极干系人的影响会增加项目失败的可能性。不同的项目干系人可能对项目的相关因素持有不同的看法,从而使问题更加复杂。一般我们用干系人影响图来分析对不同的干系人应该具体采取什么措施。干系人影响图即双重指标评估模型,图3.4就是双重指标评估模型。

图3.4根据影响力与对项目的支持度,这两个因素进行分析,划分为四个象限,对于第一象限,即影响力大且支持度高的干系人,要重点关注,继续保持获得支持;对于第二象限,即影响力弱而支持度高的,要加强沟通争取更多支持,但无需过多努力;对于第三象限,即影响力弱而反对度高的,要加强沟通降低反对,同样无需过多努力,对于第四象限,即影响力大而反对度高的,要采取特殊的努力,促使其转变为第一象限,或者设法降低其影响力至第三象限。

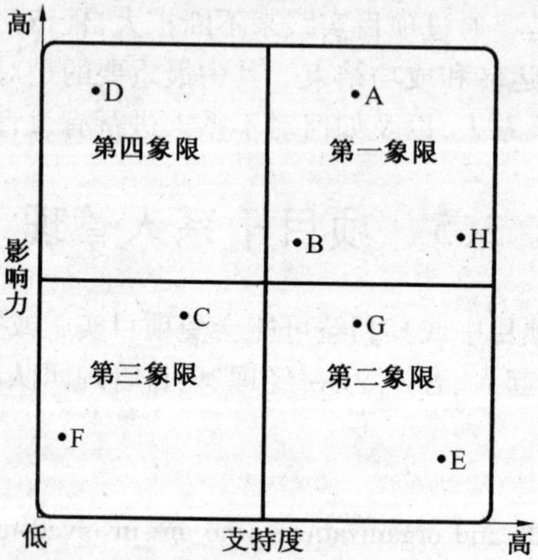

图 3.4　双重指标评估模型

决定一个项目是否成功的因素很多,其中一个重要的成功因素就是对项目干系人的有效管理以确保项目干系人在项目运行过程中的高效沟通和协作。项目经理需要对项目干系人在项目的整个生命周期内进行全面的管理。具体的项目干系人包括项目发起人、项目管理团队、客户、架构师、产品专家、运营经理、运营人员、第三方合作伙伴、职能经理、项目组合经理、项目集经理和项目管理办公室等。图 3.5 列举了项目的主要干系人。

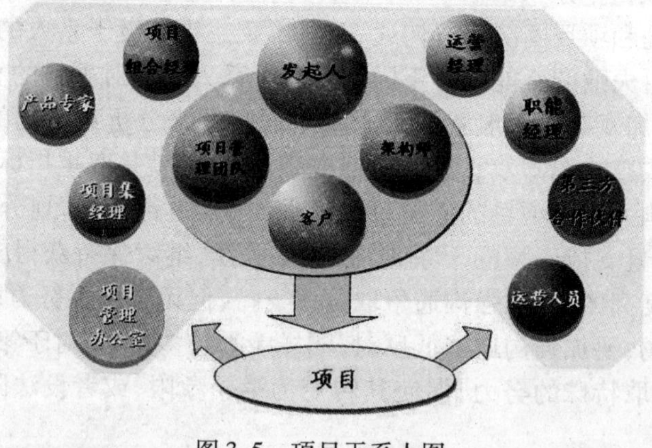

图 3.5　项目干系人图

我们来举例说明，在项目中的重要干系人之一就是IT系统或工程架构师，因为项目经理理论上可以不懂技术，项目经理需要与专业的技术人才尤其是架构师通力合作来达成项目目标的最终实现。我们可以把项目经理当作项目的总负责人，而架构师是负责项目技术的总负责人。下面我们来阐述一下项目经理和架构师的具体工作分工和合作事宜。

项目经理要拟订项目计划，但是项目计划的具体输入是由架构师来提供的。比如说IT架构师通过前期的客户咨询服务能够充分了解客户的需求范围，并制订出相应的架构设计方案，提供项目的任何可能存在的依赖(Dependency)、问题(Issue)和可能有的风险(Risk)等。

项目经理通过定期的项目状态报告(Project Status Reporting)来管理客户的关系和期望。架构师作为项目的技术负责人通过提交切实可行的架构设计方案来满足客户的希望。

项目经理在项目成本控制下来雇用(Engage)合适的IT技术人员完成指定的项目操作。而架构师要通过和被雇佣的技术人员去讨论具体的技术解决方案的实施办法，并对方案的可行性进行论证。通过与客户和相关技术人员的沟通与合作来促使项目按照既定的技术方案去执行。

对于项目应该遵守的流程，项目经理和架构师要有共同的认识。比如说项目的架构设计要通过客户的审阅和同意，任何重大设计方案和项目范围变更都要通过指定评审委员会的同意。项目经理对项目目前存在的问题、风险和成本控制(Cost Control)的管理负有主要责任。架构师要及时和准确地把项目中的花费和相关注意事项反馈给项目经理。在项目快结束时，项目经理要准备和提交项目完工报告，架构师要参加项目收尾阶段的最终评审和检验工作，并对任何可能遗留的问题提出自己独到的解决办法，使客户对项目的最终交付结果满意。

我们再通过一个古代成功管理项目干系人的例子引发大家的思考。我们举的例子是战国时的一个项目，项目的名称是"为孟尝君营造政治资本"。当然该项目的投资人是孟尝君，而项目经理叫冯谖。大家都知道战国四公子吧。当时是战国末期，也就是著名的秦始皇统一六国的前夜。当时的东方六国其实还是人才辈出的。比较有名气的就有战国四公子。他们是齐国的孟尝君、魏国的信陵君、楚国的春申君、赵国的平原君。我们在中学都学过信陵君窃符救赵的故事。可见这四公子都是有一定能力的。我们先来说说该项目的投资人孟尝君。我们可能听过一句古话："孝母似专诸，交友赛孟尝。"可见孟尝君交友广泛，他当时的门客(食客)就有3 000人。其实，他的门客绝大多数都是碌碌之辈，但还是有为数不多的几个出类拔萃的。其中就包括该项目的项目经理冯谖。说起冯谖来，他原先在孟尝君的项目团队中可以说是不名一文。他刚投奔孟尝君时，一身破衣裳，脚穿草鞋，腰里系着一把剑，连剑鞘也没有，我们一看就知道是个平民项目经理，没有过硬的关系而且初来乍到。孟尝君手下的人看冯谖这么穷，又没有看出他有什么本事，大家都看不起他。其实这种境遇很多初出茅庐的年轻项目经理都曾经遇到过。冯谖被安排在下等房间里住，天天给他粗饭吃。那冯谖的当务之急是什么呢？对了，就是要扩大自己在组织中的影响力和知名度。我们看看冯谖是如何做的。当有一次孟尝君问起："那个冯谖干什么呢？"下人回答说："冯谖天天弹那把剑，边弹还边唱'剑啊咱们回去吧，这里食无鱼。'"孟尝君觉得这话传出去，自己没脸面，就让人把冯谖搬到中等房间里住，给他鱼吃。没过多少日子，冯谖又唱了："剑啊咱们回去吧，这里出无车。"有人把这话报了孟尝君，孟尝君吩咐再给他一套车马。谁知没过多久，有人又来反映说："冯谖仍旧天天唱'剑啊咱们回去吧，没钱不能养活家。'"孟尝君挺生气，心想，这个穷鬼怎么这样不知足呢。不过，为了维护他招贤纳士的好名声，并笼络更多的人，孟尝君还是派人经常给冯谖的老母亲送钱用。冯谖自此以后才不弹不唱了。我们可以看到冯谖作为项目经理是经常和项目发起人沟通的，也就是哭穷。其实在真正的项目中，项目经理要经常和所有的项目干系人保持畅通和有效的沟通。可见，冯谖具有作为优秀项目经理的潜质。

现在我们来谈谈冯谖给孟尝君营造政治资本的项目。该项目的目的就是无限地扩大孟尝君政治资本，使其成为政治上的不倒翁。孟尝君当时已经是齐国的相国了，请大家想一想他要想永远保住他的相国职位，所要面对的主要干系人都会有谁呢？我们先来列举说明一下，第一个主要干系人群体就是齐国的百姓。唐太宗李世民把百姓或人民比作水，把皇帝和政府比作船。他曾经说过："水能载舟，亦能覆舟。"古时的周朝由于天子不仁，百姓就爆发了"国人暴动"来推翻政府。可见向孟尝君这样的政府大员要想做得稳，就要得到齐国百姓的支持，特别是他的封地百姓的支持。我们来看看项目经理冯谖是如何做到这一点的。孟尝君的封地在齐国的薛城，为了供养食客，他在薛城放了一大笔高利贷。但是薛城有很多穷人，已经一年多没收上利息来了。孟尝君派冯谖去收债。冯谖爽快地答应了。在临走的时候，冯谖问孟尝君："债收了以后，要买点什么回来吗？"孟尝君说："你看我家缺什么就买什么吧。"冯谖到了薛城，那些比较宽裕的人跑来还了利钱，那些还不起债的穷人家早就躲得无影无踪了。冯谖用收上来的钱，买了几头大肥牛和十几坛美酒，办了几十桌酒席，邀请所有的债户，也就是干系人来喝酒，并且通知说，不管还得起还不起的都要来，还不起不要紧，来核对一下债券就行了。聚会那天，债户们都来了，冯谖热情地招待他们。喝过酒，冯谖同债户们一一核对了债券，问明了情况。凡是当时能给利钱的，就收下他们的钱；一时没钱的，就约好归还的期限；穷得实在还不起的，就干脆把他们手中的债券收回，随即当着大家的面，一把火把那些债券都给烧了。债户们看了真是又惊又喜，不知道是怎么回事。这时候，冯谖站起来说："咱们孟尝君借钱给你们，是看到大家没有本钱务农经商，难以度日；本来他是不想收利钱的，可是他手下有一大帮门客要养活，所以叫我来收利钱。如今核对了债券，能付的都付清了，暂时没钱的都约定了归还的期限，请务必按期交付，实在付不起利钱的，孟尝君说，连本带息都奉送了。所以我把这些人的债券全烧了。这都是孟尝君的恩典，大伙可别忘了啊！"一番话，说得大家欢呼起来，都万分感激孟尝君的恩德。大家可以看到冯谖通过此次事件给孟尝君买回了情义和人心。

第二个主要干系人群体就是齐国的国王和其他国家的君主。大家都知道一般国家的国王和丞相的关系都是很微妙的。因为丞相的权力过大，会把国王架空。为此明太祖朱元璋不设丞相一职，只设内阁和内阁大学士来参议朝政，他们直接向皇帝负责。由于孟尝君也是齐国的王族，并且还是齐国一人之下，万万人之上的丞相。齐国的国王也怕孟尝君有篡位之心，就罢了孟尝君的官，并叫他回自己的封地——薛城养老。当孟尝君回到自己的封地时，他看到他封地百姓扶老携幼在大道两旁迎接他。他才深刻体会到冯谖给他买回的人心的作用。冯谖借机进谏说："狡猾机灵的兔子有三个洞，才能免遭死患；现在您只有一个洞，也就是人心，还不能高枕无忧。请让我再去为您挖两个洞吧。"孟尝君应允了，就给予五十辆车子，五百斤黄金。冯谖向西去魏国活动，他对魏惠王说："齐国放逐他的大臣孟尝君，哪个国家先迎接他组阁，可使其国家富庶而军事强大。"于是魏惠王空出丞相的位置，派使者带着黄金千斤，百辆车子，去聘请孟尝君。魏国的使臣往返了三次，孟尝君坚决推辞而不去。齐王听说这一消息，君臣上下十分惊恐，派遣大臣向孟尝君道歉，并邀请他从新执掌相印。正当孟尝君接受齐王的重新聘请时，冯谖同时叫孟尝君向齐王请求赐予先王传下来的祭祀祖先使用的礼器，在薛地建立宗庙。古人是非常崇敬祖先的，把祖宗的宗庙建到自己的封地上，这无疑使孟尝君在法理上确定了统治的正统地位。当宗庙建成后，冯谖告诉孟尝君说："三窟已建，公子自此在齐国可以高枕无忧了。"

说到干系人，孟尝君的那些门客也是一类干系人群体。其实孟尝君的门客还是有些能人的，比如大家都学过的"鸡鸣狗盗"的成语故事，通过该故事，我们知道孟尝君的门客中会有很多有特异功能的人。但是在孟尝君失掉丞相权势后，很多门客都离开了孟尝君。那些走掉的门客听说孟尝君重新当上了相国，又来投奔他。孟尝君很恼火，对冯谖说："我失势的时候,他们不帮助我,都溜了。多亏先生竭力奔走,我才得以重新担任相国。他们有什么脸再来见我呢?"冯谖说:"公子大可不必这样做。您现在做相国正需要大家扶持,可不能赌气,把宾客赶走了,那样谁还给您办事呢?不如还像当初一样热情地招待他们,也显得您的度量大。"孟尝君说:"先生的话,我敢不听吗?"由于得到许多门客的支持,孟尝君又稳稳当当做了几年相国,没有遭到丝毫祸患,这都是冯谖的计谋所赐啊。

冯谖在该项目中巧妙地运用自己的智慧来影响项目的所有干系人,屏蔽主要干系人对项目的不利影响,引导干系人朝着有利于项目成功的方向提供正面的影响力。由此可见,冯谖作为该项目的项目经理对干系人的影响是全面的、及时的和成功的。

总而言之,项目经理要关注双方乃至多方共同的利益,这样就可以换位思考、求同存异和达到共赢。当干系人发生变化时,项目经理要主动和干系人进行沟通,取得各方的支持,并动态管理干系人的变化和平衡干系人对项目的要求。

3.6 项目组合管理、项目集管理和项目管理

在项目管理环境中,我们要明确项目组合(Portfolio)管理、项目集(Program)管理和项目(Project)管理的区别和联系。

项目组合管理是一些不太相关的项目在一起管理达到项目管理和商业战略利益的最大化;项目集管理是一些有关系的项目一起管理来共享单独项目所没有的资源;项目管理是对单独的一个项目进行管理。

PMBOK 中对项目组合和项目集的作用要点概述如下:

项目组合是为了实现战略目标而组合在一起管理的项目、项目集、子项目组合和运营工作的集合。虽然项目组合中的项目或项目集不一定彼此依赖或直接相关,但是它们都通过项目组合与组织战略规划联系在一起。项目组合的优先级排序则取决于风险、资金和与组织战略规划相关的其他考虑。

项目集是一组相互关联且被协调管理的项目、子项目集和项目集活动,以便获得分别管理所无法获得的利益。一个项目可能属于某个项目集,也可能不属于任何一个项目集,但任何一个项目集中都一定包含项目。

对于项目集和项目组合管理的一点区别是"项目集中的项目是通过共享项目的成果或整体能力而彼此联系。如果项目间的联系仅限于共享顾主、供应商、技术或资源,则可以把

这些项目归入一个项目组合中”。

项目、项目集与项目组合管理的比较见表3.1。

表3.1 项目、项目集与项目组合管理的比较

比较项	项目	项目集	项目组合
范围	目标明确，并渐进明细	多个项目的协调管理，范围更大	项目范围因组织战略目标的变化而变化，并且包括在运营中的利益，通过审核对项目的优先级进行排序
变更	执行一定的过程来管理和控制变更	管理预期来自项目集内外的变更	持续监督广泛的内外部环境的变更，包括战略调整的变更
规划	逐步将宏观信息细化成详细的计划	制订项目集整体计划	针对整个项目组合，建立与维护必要的过程和沟通
管理	管理项目团队	管理项目集人员和项目经理	持续的和长期的管理或协调项目组合管理人员
成功标准	产品与项目的质量、进度和预算达成度，以及干系人满意度来测量成功	以项目集满足预订需求和利益的程度来测量成功，项目集的利益大于项目集内所有单个项目利益之和	以项目组合的综合投资绩效和收益（ROI）实现来测量成功
监督	对创造预订产品、服务或成果的工作进行监控	监督项目集所有组成部分的进展，确保实现项目集的整体目标、进度、预算和利益	监督战略变更和资源总体分配、绩效结果和项目组合风险

总之，单个项目关注的是目标，项目集管理关注的是共同的利益，项目组合管理更多的考虑的是战略选择。为了更好地落实项目组合在组织中落地，比较成熟的公司会建立组织

级项目管理(Organizational Project Management,OPM),组织级项目管理是一种战略执行框架,通过应用项目管理、项目集管理和项目组合管理及组织驱动实践,不断地以可预见的方式取得更好的绩效、更好的结果及可持续的竞争优势,从而实现组织战略。通常 OPM 的落地是通过组织设置项目管理办公室(Project Management Office,PMO)来具体实现的,接下来我们会重点介绍一下项目管理办公室的定义、作用和在企业或组织中所处的位置等概念。

3.7 项目管理办公室

项目管理办公室是对与项目相关的治理过程进行标准化,并促进项目资源、项目管理方法论、项目工具和技术共享的一个组织部门。这些标准化的过程应该能形成可重复的结果,同时应该促进项目执行组织的项目成功概率上升。项目管理办公室是组织内部项目管理最优实践的中心,是组织提高项目分析、架构设计、管理、检查等方面能力的关键资源。具体来讲项目管理办公室的作用有如下三点:

(1)确保通过项目实施,实现组织的战略目标,这与项目组合管理的作用是一致的。

(2)使组织利用有限的资源发挥最大的价值,这与项目集管理的作用是一致的。

(3)提高组织成功实施项目的整体能力,这与组织的整体利益是一致的。

项目经理与项目管理办公室的角色差异见表 3.2。

表 3.2 项目经理与项目管理办公室的角色差异

比较项	项目经理	项目管理办公室
目标	关注特定的项目目标	管理主要的项目集范围变更,促进业务目标的实现
控制资源	控制分配给本项目的资源	优化利用所有项目共享的组织资源
管理对象	管理单个项目的制约因素(范围、进度、成本和质量等)	站在企业的高度对项目管理方法论、执行标准、整体风险/机会、测量指标和项目间的依赖关系进行管理

PMBOK 中定义了3种不同类型的项目管理办公室，它们对项目的控制和影响程度各不相同。具体的项目管理办公室类型如下：

（1）支持型 PMO：也是初级的 PMO，对项目团队提供单项的支持。一般担当顾问的角色，向项目提供模板、最佳实践、培训，以及来自其他项目的信息和经验教训。这种类型的 PMO 其实就是一个项目资源库，对项目的控制程度很低。负责制定并共享统一的项目流程、培训、软件、模板和标准等。

（2）控制型 PMO：也是中级的 PMO，不仅给项目提供支持，而且通过各种手段要求项目服从，例如必须使用特定的模板、格式和工具等。这种类型的 PMO 对项目的控制程度属于中等。

（3）指令型 PMO：也是高级的 PMO，直接管理和控制项目。这种类型的 PMO 对项目的控制程度最高。一般会对项目的执行结果负责，并直接参与组织项目的选择、监控、纠偏、叫停、绩效评价和奖金发放等。

一般在企业中针对项目管理办公室的命名会有别于 PMBOK 通常的类型定义。由于实际企业的组织架构不同，项目管理办公室的命名有很大不同，不同的命名和其汇报对象的不同很有关系。通常的两种项目管理办公室命名如下：

（1）组织级 PMO：直接向组织最高层 CEO 或 CFO 汇报，负责组织所有项目的选择、监控和收益评价。这种汇报类型的 PMO 起到的作用包括建立项目管理流程、标准、规则和方法论，通过有效的资源管理、项目选择的优先级管理、监控和考核等手段提高所有项目的绩效，从而保证组织战略的顺利实现。

（2）部门级 PMO：存在于部门之内，直接向某大区总经理、某事业部经理或某部门经理汇报，负责所辖区域、事业部或部门内部所有项目的选择、监控和绩效评估。这种汇报类型的 PMO 起到的作用包括通过资源优化等手段，追求最佳的投入和产出比，支持部门及组织战略目标的实现。

组织级 PMO 可能存在于任何形式的组织结构中，而部门级 PMO 主要存在于大型的矩阵型组织中，例如，IBM 作为强矩阵组织的代表会在不同的事业部内配有专职的 PMO 组织成员，来管控本事业部内部项目的选择、监控和绩效考核。下面详细介绍 PMO 的基本岗位职责，见表3.3。

表 3.3　PMO 的基本岗位职责

PMO 的基本职责	详细的工作分解
①建立和维护项目管理体系	建立项目管理制度
	建立项目管理流程
	提供项目管理方法论,查对清单和模板
	逐步对项目管理流程进行推广和阶段培训
	针对项目管理流程进行持续改进
	建立和管理项目管理信息系统
②建立和维护组织项目数据库	建立组织项目数据库
	项目资料收集和管理
	建立项目绩效数据的估算标准
	项目绩效数据的收集和管理
③项目监控	项目选择阶段监控
	项目启动和规划阶段监控
	项目执行阶段监控
	危机项目整改
	项目收尾和验收阶段监控
	多项目协调
④项目经理和项目团队成员绩效评价	建立项目经理绩效评价体系
	评价项目经理绩效
	建立项目团队成员绩效评价体系
	管理项目团队成员绩效评价

续表3.3

PMO的基本职责	详细的工作分解
⑤建立和维护组织项目管理能力框架	建立组织管理能力框架
	评估项目经理能力
	规划并实施项目管理提升计划
	制订项目从业人员职业发展计划
⑥组织项目管理文化建设	建立项目管理论坛、沙龙或学友会
	开展项目经理活动
	出版项目经理杂志
	普及项目管理知识
	设置项目经理奖项

不论是组织级还是部门级的PMO都是帮助组织打造PMBOK所说的组织过程资产的核心部门。下面我们就组织过程资产和项目管理办公室的关系，以及项目管理办公室的初步设立过程展开进一步论述。

3.8 组织过程资产与项目管理办公室

组织过程资产是包括任何或全部与项目管理过程相关的资产。组织过程资产主要体现在组织的工作流程和共享知识库。组织的工作流程包括组织的标准政策、流程、模板和工作指南等。共享知识库包括以往项目的项目档案、历史项目的经验教训、财务数据库和配置管理知识库等。配置管理知识库一般以系统的形式体现，用于识别并记录项目交付的产品、成果、服务的功能特性和物理特征，支持对产品和成果数据的定期审查并提供与在线产品运行配置偏差的评估报告。配置偏差的评估报告是企业或组织实施内部审计的主要内容，而审计工作是检验组织过程资产有效性的重要验证工具。审计工作的具体落实需要确保能够鉴别组织的过程被识别并有规定，组织的职责被明确并有界定，组织的要求被实施并有持续，实施的结果有效并有数据和相关文件证明。

组织过程资产对提升组织运营效率降低运营成本以实现持久盈利是非常有好处的。项目管理办公室是推动组织规范其在项目管理方面过程资产的中坚力量,但是项目管理办公室的设立不是一蹴而就的。设立项目管理办公室(PMO)的过程,是循序渐进的过程,可以分为下面几个阶段进行尝试建立。

第一阶段,提出概念,成立组织。

万事开头难,很多企业的组织结构的改革由于面临着权力的重新分配而困难重重。如果我们一开始就要建立一个全面管理项目的 PMO,恐怕会遭到组织大多数成员的一致反对。而且也没有那么多的合格的项目经理来让大家信服。所以,应该低调开始,提出建立 PMO 的概念,把 PMO 建立起来再说。此时的 PMO,不干涉任何项目,也不需要增加人员,而使用现有人员兼职。这样,阻力会非常小,这一阶段的 PMO 就是我们通常所说的支持型 PMO。

这一阶段 PMO 的工作主要是统一组织对外的文档模板,并把统一的模板下发给相关部门使用,所有的对外文档,在项目交付给客户的项目产出物的同时都要由 PMO 存底备份,这样做的好处是逐步丰富组织的过程资产,并会对以后规范组织的项目流程打下坚实的基础。

第二阶段,建立项目管理流程,监控及辅助项目进行。

有了第一阶段的基础,PMO 就可以进入第二阶段。由于中小型企业中熟悉项目管理的人员较少,而且往往都担任着重要职务,例如技术部经理或市场部经理等,或者在管理着比较重要的项目,所以,此时不能将他们变为 PMO 的固定人员,而应该让他们继续兼职但实际是 PMO 的核心人员。

这一阶段的 PMO 就是我们通常所说的控制型 PMO。PMO 的主要职能包括以下几个方面:

(1)规范项目管理的流程,在总结众多项目的基础上,提出适合自己公司的项目管理流程,下发给各部门,但此时,不一定要求强制执行。让大家参考流程进行项目管理,同时提出问题及意见。由于文档模板是按组织原有流程设置的,所以,在执行过程中,不会与流程有太大的偏差,但同时又有灵活性,便于修改。

(2)项目管理工具培训,挑选适合企业的项目管理软件,培训各项目经理,让他们能够使用该软件。可以从单机版过渡到网络版,例如,Project 2003,可以首先让项目经理们学会单机版的使用,随着使用的普及,逐步过渡到全员使用网络版。

(3)项目过程监控,此时只监控,不管理,通过工具软件的使用,PMO 可以监控到项目管理的细节,但此时,更多的是监控项目进展,随时核算项目成本,PMO 并不参与项目过程的管理。在监控过程中,总结经验,修改项目管理的流程。

(4)辅助项目经理,提出建议。让项目经理有更好的时间、成本和质量意识。

通过这一阶段的实施,企业或从项目管理的混乱中逐步摆脱出来,尤其是作为企业高层,可以随时掌握每一个项目的进展情况。作为项目经理,开始有进度、范围、成本和质量控制等意识,管理水平会有明显提高。很多企业的 PMO 到这个阶段就可以了,要根据自己企业的实际情况来判断是否进入第三个阶段。

第三阶段,协调管理各项目,管理项目经理。

在此阶段的 PMO 组织成员应该相对固定下来,实施组建全职的 PMO 团队。这一阶段的 PMO 就是我们通常所说的指令型 PMO。它的主要职能包括以下几个方面:

(1)针对项目选派项目经理,由项目经理对项目总负责,可以有效地避免各部门推诿、扯皮等现象。而且,由于项目经理相对专业,可使项目质量提高。

(2)控制项目进度、范围、成本、质量和风险,项目经理直接向 PMO 经理汇报。

(3)根据公司的战略协调各项目的资源,做到至少是基于项目集的管理。

这一阶段是中小企业 PMO 相对较高的阶段,大多数中小企业到达这一阶段后,就可以实现比较良好的项目管理。此时,PMO 应该成为企业中比较重要的部门,对项目管理具有实际的指令权限。

3.9 项目管理方法论

项目管理方法论通常是指企业或组织进行项目管理过程中通常可以参照的方法,既然是方法就一定会有可以参照的流程活动,具体执行流程活动的角色和职责,以及可以参照的模板和工具。而由美国项目管理协会撰写的 PMBOK 指南更多的只是一个大而全的项目管理知识体系,还不能称其为项目管理方法论。由于行业的特殊性,不同行业应该打造适合每个行业自身的项目管理方法论。随着近 10 年 IT 技术和相关应用软件在企业中被广泛地使用,IT 项目实施的最佳实践一定具有极广的社会接受度和参考价值。基于以上考虑,本节且从 PMBOK 指南的概述开始入手,更多的是以 IT 项目管理为例,逐步介绍基于 PMP 项目管理知识体系的 IT 项目管理方法论的详细演绎过程。

项目在整个项目生命周期里是分阶段(Phase)的,每个项目的阶段划分是不同的。项目生命周期是项目的阶段按照顺序排列或交叉排列的集合。项目阶段是为完成项目的可交付成果而在需要特别控制的位置将项目分界。换句话讲，就是阶段是为了项目控制的需要。项目阶段不同于项目管理过程组，项目划分为不同阶段有助于项目的管理和统筹规划。不同的阶段会有各自的目标和可交付成果，每个阶段的结束点也是一次重新验证以前假设和评估风险的机会，这些结束点可以被称为阶段出口、里程碑、阶段关卡、决策关卡或关键决策点等。

一个项目阶段会包括五大项目过程组，它们是项目启动、项目规划、项目执行、项目监控和项目收尾。项目的过程组定义了项目各阶段的具体控制和边界划分。项目的五大过程组是在项目的每个阶段中循环往复的。

1. 项目启动过程组

项目启动过程组是定义项目目标、初步范围、落实初步财务资源、识别内外部干系人、获得项目授权，定义并启动一个项目的一组过程。项目经理在此阶段通过项目章程获得授权去对项目的整个处理过程进行管理。项目章程和干系人登记册是此阶段的主要输出。客户或项目发起人参与项目启动过程，会提高他们对项目可交付成果的满意度。以下是可以参考的项目在启动过程组的主要活动类型：

(1)选择一个正确的项目。

从企业项目组合或项目集中选择一个正确的项目，可能包括的子活动有记录商业或项目需求，了解项目与企业战略目标的关系，对项目的优先级进行排序，确定项目或交付产品的目标，协调解决有冲突的目标，指定项目经理，确定项目经理的权责和义务，收集项目的相关背景信息，把项目划分为一个或多个阶段，归档并记录项目的假设条件，归档并记录项目的约束条件，初步确定项目所需交付的产品或服务的范围，确定项目章程的格式，撰写并最终确认项目章程和获得项目章程的正式批准等。

(2)启用干系人登记册。

记录干系人的信息到干系人登记册中，并规划干系人的应对办法。可能包括的子活动有熟悉项目所在企业的公司文化与组织架构，全面识别干系人及其影响力和风险容忍程度，有条件的把干系人的期望转换为项目需求，并针对不同特质的干系人相应采取可能的行动和沟通方案。

2. 项目规划过程组

项目规划过程组定义项目具体需求和范围，以及为实现项目最终成功而计划行动方案的一组过程。规划过程组制订用于指导项目实施的项目管理计划、项目范围说明书和项目启动会。以下是可以参考的项目在规划过程组的主要活动类型：

(1)确定项目需求和范围。

为了确保项目涵盖成功完成所需的全部工作，项目组的需求分析师(Business Analyst, BA)需要根据启动过程组中项目干系人的初始需求撰写需求文件，即需求规格说明书。需求规格说明书的内容一般包括功能性需求(Functional Requirement)和非功能性需求(Non-Functional Requirement)两部分的阐述。功能性需求指的是项目所交付的业务流程、服务或功能产品的内容；非功能性需求是指所提供的服务的绩效、安全、可用性和易用性等要求。如果对需求进行过程跟踪，可以通过需求跟踪矩阵来管理，需求跟踪矩阵是一张把具体需求与需求来源联系起来的关系表，它同时也建立了项目具体需求和项目目标的联系。项目需求规格说明书的内容需要客户和项目经理审批后才能正式发布，只有在客户审批后的项目需求规格说明书才可以被用来作为撰写项目范围说明书即概要设计说明书的参考依据。概要设计说明书一般是由项目组的架构师(Architect)来撰写的，具体阐述项目所需交付系统的架构概况视图、正确的架构决策、可能有的组件(接口)描述、设备选型、软硬件清单、初始的工作分解结构(WBS)和成本分析模型等。项目范围说明书为今后的项目决策以及在与客户的确认或建立对项目范围的共识提供了一份有案可查的依据，同样也需要客户的审批后才可参照实施。

(2)制订项目管理计划。

确定如何规划项目范围、资源、时间、成本、质量、风险和采购等。基本涵盖 PMBOK 所提及的所有知识领域的管理计划内容，共同组成整体的项目管理计划。项目范围管理计划中要对项目的工作范围进行分解，分解为工作任务，对于每项任务需要计划共需要多少人天来完成，项目范围管理计划一般要和项目时间管理计划以及项目人力资源管理计划结合起来，共同确定每项工作任务的计划开始日期、计划完成日期、任务直接负责人、主要参与人和可能输出的交付件等信息，使接受工作任务的项目成员能够清楚地理解工作的具体要求。项目时间管理计划需要建立在针对项目工作任务所需要的具体资源和资源的可用情况的基础之上。项目经理需要提前和相关部门的职能经理获取使用资源的承诺，最主要的资源就是投入项目的人力成员，需要明确所有投入到项目中的成员角色和责任，确保相关项目干系人知道自己的职责，以及需要在什么时间完成哪些工作任务。项目质量管理计划主要是确定项目管理的质量考核指标及评分标准，作为项目绩效报告的参考依据。项目经理需要渐进明细地对项目管理计划进行滚动更新，最好每周发出最新的项目管理计划给相关干系人周知。

(3)发起项目启动会。

与干系人及客户协调项目的启动工作，可能包括的子活动有查找项目所在企业的现有流程和生产环境的 IT 治理标准要求，了解企业现有的运作程序和政策以及哪些可用于当前项目、做初步的项目管理规划、粗略估算项目的进度和预算等，与客户等项目干系人确定项目验收标准以及项目所包括和不包括的工作范围，建立初步的项目范围说明书。确定项目的初步组织成员，记录已知的或潜在的风险，沟通管理计划和近期需要配合的事项。确定所需要的项目里程碑，确定项目范围变更的控制方法。记录如上信息到项目启动会 PPT 展示文件中，并在与客户协商并且在甲乙双方都一致同意的时间点上发起项目启动会。项目启动会是一个比较正式的场合，为了强化项目的重要程度，最好请甲乙双方领导一起参加。

3. 项目执行过程组和项目监控过程组

项目执行过程组和项目监控过程组共同完成项目管理计划中确定的工作。在项目执行过程中实施在项目管理计划中要求的工作范围，而项目监控过程组主要监控可能的执行异常并采取应急手段和权变措施。项目的执行和最初的计划之间可能会有差异，这个差异就是项目执行偏差。项目执行偏差包括项目基准的变更。任何涉及项目管理计划中基准的变更，如项目范围蔓延或成本超支等，都需要被有效记录，并得到妥善的授权后才可以进行变更。以下是可以参考的项目在执行过程组的主要活动类型：

项目执行和过程监控。通过干系人登记册设定并管理干系人的期望。监控并记录项目当前的问题、风险、挑战和问题，并采取必要的应对办法。引导、辅助、沟通、领导、协商和帮助等多种手段推进项目管理计划的执行。管理项目计划执行的进展情况，滚动式修订项目管理计划，评价项目团队的绩效。在人力资源管理方面，按照项目管理计划投入项目资源，让资源与项目管理计划的安排协调一致。与有关职能经理见面，确认他们的资源承诺。及时通告有关职能经理，何时需要他们的资源加入到项目中。举办进度评审会、沟通会议和团队建设活动，要求在团队会议或活动上遵循既定规则。根据具体的人和事采取不同的手段或措施进行干预,使用冲突解决技巧解决矛盾。帮助团队成员获得他们所需的培训,确保每一个项目团队成员拥有完成其工作所需的技能、信息和设备。在项目绩效达标时,实施在项目管理计划中产生的认可和奖励制度。在项目绩效和预期有偏差时,实施已批准的改进过程。监控项目执行所产生的可交付成果,对那些未通过验收的可交付成果,应该记录原因并发起适当的变更请求,必要时需要走严格的变更管理流程。在变更审批的时候需要杜绝项目蔓延和项目镀金的现象。项目蔓延可能是客户发起的,而项目镀金也许是项目执行团队为了获得项目验收主动发起的额外工作。要理解、评估、定义和管理客户的新需求或需求变更,而不是简单地接受客户需要变更的工作内容。项目经理及项目团队成员需要遵守企业的既有政策、流程和程序规范,判断项目活动是否符合企业政策、流程和程序规范。与此同时,PMO 也需要发起对项目的阶段审查活动,改善项目管理流程的执行效力,增加其有效性。当严重问题出现时重新评估项目的可行性和商业论证的合理性。

4. 项目收尾过程组

项目收尾过程组包含为完结项目或阶段或合同责任而实施的一组过程。合同不仅仅包括与客户签署的合同,也包括和第三方供货商之间的供货合同。以下是可以参考的项目在收尾过程组的主要活动类型:

项目收尾和审计。核实项目验收的条件,确保所有的项目管理过程都已经完成。主导对项目可交付成果的正式验收,对已经通过验收的可交付成果要有客户或项目发起人的正式验收批准文件。获得客户对项目产品的认可,并最终与客户签署正式的项目验收报告。落实项目尾款的支付情况并在组织财务系统中申请完成必要的项目成本记录。收集项目的经验教训,并相应更新组织的项目交付资产。把团队成员通过项目锻炼而获得的新技能及时反映到组织的人力资源库中。发布项目的最终绩效报告,并发起客户满意度调查。与此同时,PMO 也会发起针对项目的内部审查活动。若项目由于某种原因而提前终止,需要记录项目提前终止的原因并汇报给 PMO 和相关公司领导。归档所有项目交付成果和项目过程资料,把已经完成的项目交付成果交付给组织的运营和维护部门。召开项目庆功会,并着手解散项目资源。

为了方便大家切实掌握项目管理方法论体系中的具体活动、角色和输入输出的对应关系,我们且对本书介绍的项目管理方法论的主要活动类型进行进一步细分,共分为 17 个典型的活动。这些典型活动、执行活动的角色和输出文件对项目管理起着非常重要的作用。

我们可以简单地理解,如果在实际的项目管理过程中能够充分地把这 17 个典型活动运用好,也就已经基本具备管理一个组织级项目的能力。图 3.6 是项目管理方法论典型流程活动图。

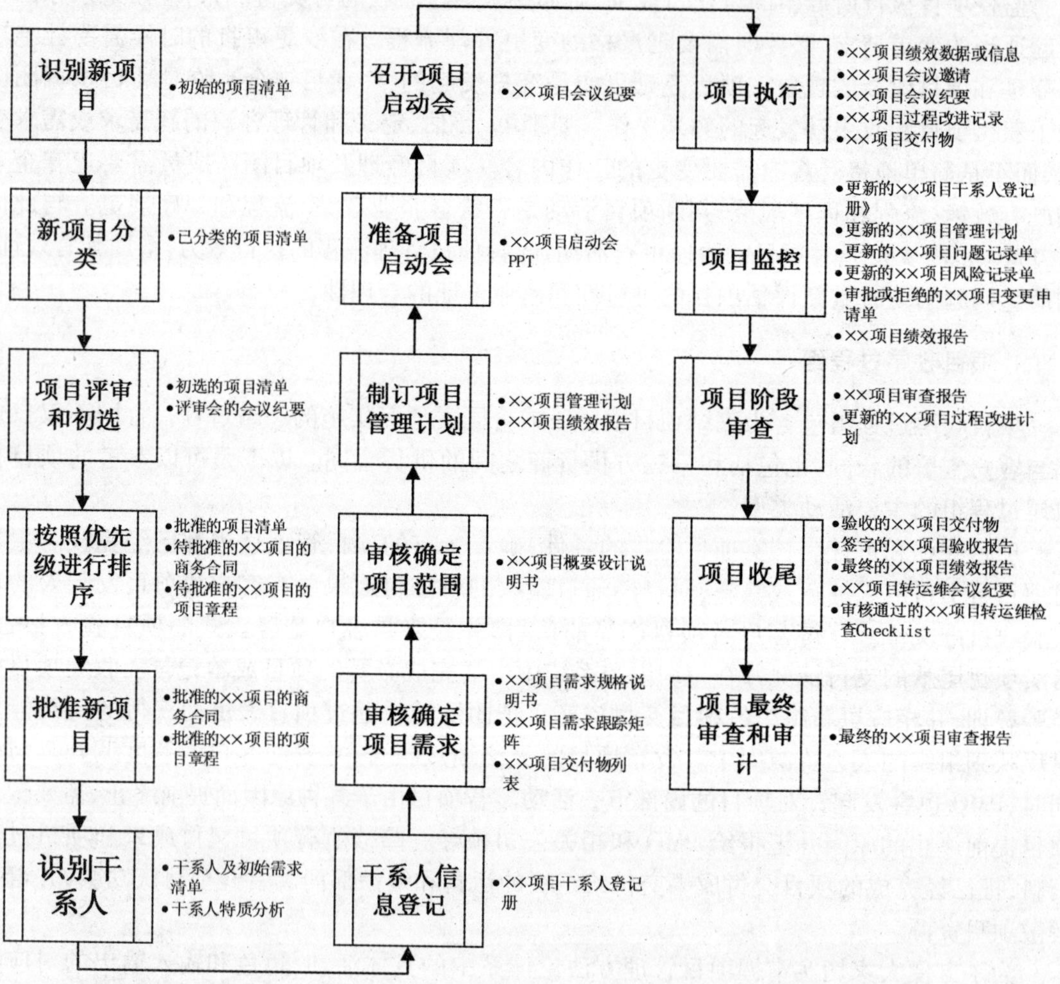

图 3.5　项目管理方法论的典型流程活动图

3.9.1 选择一个正确的项目

企业或组织需要根据自己的战略方向、风险评估和资源配置等多方面考虑选择正确的项目,这个需要结合项目所在企业组织战略的价值定位进行具体操作。组织战略一般分为最佳产品、最佳服务和最佳成本三大类。

(1)最佳产品是指企业是通过最佳产品功能或式样在行业内保持领先地位的。其特征是产品不仅仅提供其必要的功能性需求,还要具备不凡的艺术级水准和性能要求。比如比较典型的案例就是目前流行的苹果 iPhone 手机,苹果创始人乔布斯就自诩为一个产品经理。

(2)最佳服务是指企业是以最优的客户服务和对客户需求的理解领先的。其特征是能够提供完备的方案,在组织内部有充分的知识共享和知识传递机制。比如现在的传统 IT 巨头 IBM 在近 20 年一直都是以为客户提供有价值的服务和解决方案见长的。

(3)最佳成本是指企业是通过以低成本低价格赢取大规模销售,并在市场上取得绝对竞争优势。其特征是在可靠的产品的基础上具有竞争力的价格。比如之前,戴尔通过零库存战略一度是最佳成本的经典案例。

不同组织战略的公司在选择符合战略发展方向的项目时的选择标准是不同的,最佳产品为战略导向的公司,其项目往往都是关注产品开发的创新性,并需要加速产品的上市时间。阿里巴巴的余额宝产品研发的项目就符合这一特点。最佳服务为战略导向的公司,其项目主要的关注点是如何提高当前服务质量,降低服务成本,并通过高质量的服务来建立客户的忠诚度和扩大客户的保有量。目前政府或电信公司购买的第三方服务外包型项目都大抵符合这一特点。最佳成本为战略导向的公司其项目主要运作过程为其现有流程的标准化和规范化,因为只有通过端到端的流程优化才可能不断地降低成本和提高效率。我们可以看到戴尔的成功是很难复制的,原因是戴尔公司内部的流程管控的优化程度非常之高,不是一般公司能够比拟的。这种高效而可视化的管理模式的建立是通过组织内部不断发起的精益改进项目来逐步达到的。

不论我们身处哪种类型的公司或组织,选择项目的标准可能是不同的,但是表 3.4 中关键活动都是项目管理方法理论建议参照执行的,其中字体标粗的活动产出物的样例模板为重点产出物,本章会进行详细举例说明。

表 3.4　项目的关键活动清单表

关键活动	关键活动描述	主要角色	参与角色	可能的输入	可能的输出
识别新项目	根据企业或组织的战略需要,完善项目列表并记录项目的相关信息,更新项目清单,并及时通告给相关部门领导。初始的项目列表清单供后续项目选择的决策之用	IT 战略委员会	公司高层、市场部、PMO	组织战略、市场需求	初始的项目引表清单
新项目分类	结合不同的战略需要,提供项目分类标准,并对不同的项目进行分类	IT 战略委员会、PMO	公司高层、市场部	组织战略、市场调研报告、初始的项目清单、项目分类标准	已分类的项目清单
项目评审和初选	组织评审会议,分析新项目的相关信息	PMO	公司高层、IT 战略委员会、	已分类的项目清单、项目建议书、可行性研究报告、项目定价方案、**项目会议纪要模板**	初选的项目清单、评审会的会议纪要
按照优先级进行排序	对项目优先级进行排序,在有限的组织资源下对项目的取舍做快速合理的决策	公司高层、IT 战略委员会或项目组合指导委员会	PMO	组织战略计划、年初项目组合计划、初选的项目清单、评审会的会议纪要、**项目合同模板、项目章程模板**	批准的项目清单、待批准的××项目的商务合同、待批准的××项目的项目章程

续表 3.4

关键活动	关键活动描述	主要角色	参与角色	可能的输入	可能的输出
批准新项目	指定项目发起人,正式宣布批准新项目,通知相关责任人,为新项目分配资源及预算	公司高层、IT战略委员会或项目组合指导委员会	PMO、项目发起人	批准的项目清单、待批准的××项目的商务合同、待批准的××项目的项目章程	批准的××项目的商务合同、批准的××项目的项目章程

注:PMO为项目管理办公室

3.9.2 启用干系人登记册

由于不同的项目干系人可能对项目的相关成功因素持有不同的看法,从而使项目管理的复杂度增加。项目经理需要利用干系人登记册尽早和全面地识别干系人。持续分析不同干系人的特质,根据不同特质的干系人采取可行的应对和沟通方案。表3.5中关键活动都是项目管理方法理论建议参照执行的,其中字体标粗的活动产出物的样例模板为重点产出物,本章会进行详细举例说明。

表3.5 启动干系人项目活动清单表

关键活动	关键活动描述	主要角色	参与角色	可能的输入	可能的输出
识别干系人	熟悉项目所在企业的公司文化与组织架构,以及尽早和全面识别对项目有影响力的干系人	PM	项目总监、PMO	公司文化、组织架构、部门内部或部门之间的岗位职责及通常需要遵循的沟通制度或要求	干系人及初始需求清单、干系人特质分析结论文件

续表 3.5

关键活动	关键活动描述	主要角色	参与角色	可能的输入	可能的输出
干系人信息登记	记录干系人信息到干系人登记册中，重点记录干系人的期望，并针对不同特质的干系人采取可能的应对方案	PM	项目总监、PMO	干系人及初始需求清单、干系人特质分析结论文件、**干系人登记册模板**	××项目干系人登记册

注：PM 为项目经理

3.9.3 确定项目需求和范围

确定项目的需求和范围是制订项目管理计划和发起项目启动会的前提条件，也是项目进入具体实施阶段之前必须获得客户或项目发起人审核通过的关键内容。表 3.6 中关键活动都是项目管理方法理论建议参照执行的，其中字体标粗的活动产出物的样例模板为重点产出物，本章会进行详细举例说明。

表 3.6　确定项目需求和范围活动清单表

关键活动	关键活动描述	主要角色	参与角色	可能的输入	可能的输出
审核确定项目需求	根据项目干系人的初始需求撰写**需求规格说明书**，项目的需求规格说明书需要正式评审后才能发布	BA	项目经理、项目团队成员	××项目干系人登记册、需求规格说明书模板、**需求跟踪矩阵模板**	××项目需求规格说明书、××项目需求跟踪矩阵、××项目交付物列表

续表 3.6

关键活动	关键活动描述	主要角色	参与角色	可能的输入	可能的输出
审核确定项目范围	撰写**概要设计说明书**,项目的概要设计说明书需要正式评审后才能发布,才可以交给实施人员去执行	Architect	项目经理、项目团队成员	××项目需求规格说明书、××项目需求跟踪矩阵、概要设计说明书模板	××项目概要设计说明书

注:BA 为业务分析师或需求分析师,Architect 为系统架构师

3.9.4　制订项目管理计划

制订初步的项目管理计划是发起项目启动会的前提条件,项目经理通过项目管理计划制定项目管控的规则和流程,并作为项目实施和过程监控的参照依据。表 3.7 中关键活动都是项目管理方法理论建议参照执行的,其中字体标粗的活动产出物的样例模板为重点产出物,本章会进行详细举例说明。

表 3.7　制订项目管理计划活动清单表

关键活动	关键活动描述	主要角色	参与角色	可能的输入	可能的输出
制订项目管理计划	根据**需求规格说明书和概要设计说明书**撰写项目管理计划和项目绩效报告,项目管理计划需要在项目启动会之前与客户确认,并在项目启动会上正式发布。项目管理计划需要渐进明细和滚动式更新,可以按周或按月进行发布	PM	项目经理、项目团队成员	××项目需求规格说明书、××项目概要设计说明书、**项目管理计划模板、项目绩效报告模板**	××项目管理计划、××项目绩效报告

3.9.5 发起项目启动会

按照 PMBOK 知识体系的说法在项目启动阶段结束之前需要召开项目启动会议(Initiating Meeting),该会议的主旨是为了发布项目章程,宣布项目经理的行命,并宣告项目的正式启动。项目启动会议由项目发起人召集,由主要项目干系人参加。在项目规划阶段结束之前需要召开项目开踢会议(Kick-off Meeting),该会议的主旨是介绍项目目标和项目计划,获取主要干系人的支持,并宣布项目正式进入执行阶段。由于往往真正做项目时两个会是合二为一的,或者只有一个项目开踢会。在中国的整个项目管理环境中,大家通常都称为项目启动会而不是开踢会,可能是因为开踢会比较绕口的原因吧。所以,此项目管理方法论也把该会议定义为项目启动会,但它更多地偏重于项目开踢会议的主旨,通常会发生在项目规划阶段结束之前。

项目启动会是一个比较正式的场合来强化项目重要或重视程度,所以如果是甲乙双方有合同约束的项目,最好请甲乙双方领导一起参加。表 3.8 中关键活动都是按照项目管理方法理论建议参照执行的,其中字体标粗的活动产出物的样例模板为重点产出物,本章会进行详细举例说明。

表 3.8 发起项目启动会活动清单表

关键活动	关键活动描述	主要角色	参与角色	可能的输入	可能的输出
准备项目启动会	需要适应项目所在企业的制度和流程要求,准备启动会的 PPT 文件,启动会的宣讲内容包括项目目标、总体的项目管理计划、里程碑、项目范围变更的控制方法、验收标准和除外责任、已知的或潜在的风险、沟通方式和近期需要配合的事项等	PM	项目总监、PMO	**项目启动会模板**	××项目启动会 PPT

续表 3.8

关键活动	关键活动描述	主要角色	参与角色	可能的输入	可能的输出
召开项目启动会	尊重客户的会议时间和议程习惯，在征询客户、项目发起人等关键干系人同意的情况下召开项目启动会，会前要发出会议邀请，会后要发出会议纪要	PM	高层领导（甲乙双方）、项目总监、项目团队成员	××项目启动会PPT、××项目会议邀请、**项目会议纪要模板**	××项目会议纪要

3.9.6　项目执行和过程监控

项目的执行偏差可能会影响项目管理计划的修订和项目产出物的按时交付。项目经理需要对项目执行偏差进行紧密监控和对基准变更进行严格控制。即项目经理要在项目管理过程中实施整体变更控制。表 3.9 中关键活动都是按照项目管理方法理论建议参照执行的，其中字体标粗的活动产出物的样例模板为重点产出物，本章会进行详细举例说明。

表 3.9　项目执行和过程监控活动清单表

关键活动	关键活动描述	主要角色	参与角色	可能的输入	可能的输出
项目执行	按照项目管理计划进行实施，通过干系人登记册和既定的沟通计划去和干系人沟通并管理干系人的期望。定期举办评审和沟通会议，采取不同的手段或措施应对项目中的突发事件。在项目绩效达标时，实施在项目管理计划中产生的认可和奖励制度。在项目绩效和预期有偏差时，实施已批准的改进过程	PM、项目团队成员	客户方项目经理和项目团队成员、项目实施方项目总监、PMO	××项目干系人登记册、××项目管理计划、更新的××项目绩效报告、××项目过程改进计划、**项目会议纪要模板**	××项目绩效数据或信息、××项目会议邀请、××项目会议纪要、××项目过程改进记录、××项目交付物

续表 3.9

关键活动	关键活动描述	主要角色	参与角色	可能的输入	可能的输出
项目监控	按照既定的项目管理计划,在项目执行过程中监控并记录项目当前的问题和风险,并采取必要的应对办法。在获得妥善授权和审批的情况下滚动式修订项目管理计划。监控项目执行所产生的可交付成果,对未通过验收的可交付成果,应该记录原因并发起变更申请和必要的变更审批。监控项目团队的绩效,确保项目团队成员遵守企业的既有政策、流程和程序规范。必要时重新评估项目的目标是否符合组织的商业意图和战略要求	PM	客户方项目经理和项目团队成员、项目实施方团队成员、项目实施方项目总监、PMO、项目发起人(可选)	××项目管理计划、××项目绩效数据或信息、**项目问题记录单模板、项目风险记录单模板、项目变更申请单模板、项目绩效报告模板**	更新的××项目干系人登记册、更新的××项目管理计划、更新的××项目问题记录单、更新的××项目风险记录单、审批或拒绝的××项目变更申请单、更新的××项目绩效报告
项目阶段审查	在项目执行阶段发起对项目的阶段审查活动,审查的主要内容包括项目当前绩效、项目偏差预测、项目管理过程的规范符合度、项目问题管理和风险管理的记录单或日志等	PMO	PM、项目团队成员、项目发起人(可选)	更新的××项目干系人登记册、更新的××项目管理计划、更新的××项目问题记录单、更新的××项目风险记录单、审批或拒绝的××项目变更申请单、更新的××项目绩效报告	××项目审查报告、更新的××项目过程改进计划

3.9.7 项目收尾和审计

在项目收尾时,项目经理要完成项目所需要的所有报告,记录项目整个生命周期的经验教训,提供客户或项目发起人对项目交付成果进行验收通过的证据,并进行项目后的评价和总结。表3.10关键活动都是按照项目管理方法理论建议参照执行的,其中字体标粗的活动产出物的样例模板为重点产出物,本章会进行详细举例说明。

表3.10 项目收尾和审计活动清单表

关键活动	关键活动描述	主要角色	参与角色	可能的输入	可能的输出
项目收尾	归档所有项目交付成果和项目过程资料,确保所有的项目管理过程都已经完成,并主导对项目可交付成果的正式验收,最终与客户签署正式的项目验收报告。与组织的PMO和财务部门紧密沟通落实项目尾款的支付情况。收集项目的经验教训,并更新组织过程资产。发起项目的最终绩效报告和客户满意度调查。发起项目转运维的申请,并按照组织中关于项目转运维的相关规定把完成的交付成果交付给公司或组织的运营和维护部门	PM、项目团队成员	客户方项目经理和项目团队成员、项目发起人、项目总监、PMO	最终的××项目管理计划、更新的××项目绩效报告、最终的××项目交付物、**项目转运维检查 Checklist 模板、项目验收报告模板**	验收的××项目交付物、签字的××项目验收报告、最终的××项目绩效报告、××项目转运维会议纪要、审核通过的××项目转运维检查 Checklist
项目最终审查和审计	在项目收尾阶段发起对项目的内部最终审查和审计活动,审核的主要内容包括项目完工绩效审查、项目经理绩效评价和项目收益评价等	PMO	PM、项目团队成员	验收的××项目交付物、签字的××项目验收报告、最终的××项目绩效报告、××项目转运维会议纪要、审核通过的××项目转运维检查 Checklist	最终的××项目审查报告

3.10 项目管理模板

3.10.1 商务合同模板

××××公司××××合同

项目名称：××××

合同编号：××××

采购编号：××××

签约地点：××××

签订日期：二〇一×年××月××日

××××有限公司(以下简称甲方)与 ××××科技有限公司（以下简称乙方)就乙方为甲方提供××××项目,经甲乙双方协商一致,签订本合同,共同遵守如下条款：

一、服务项目清单

序号	项目计费单元	数量	单价/元	总价/元
1	××××	××	×拾×万元整	×拾×万元整
费用合计:RMB:× ××0 000		此价格已含营业税及增值税		

二、价格

1. 合同总价

(人民币)大写:×××万元整(CNY ××0000)。

2. 付款方式

合同付款分三次进行,付款进度及付款条件如下:
(1)签订合同并召开项目启动会后××天内,支付合同总额的××%。
(2)完成××××工作并通过用户正式验收后 3 天内,支付合同总额的××%。
(3)余款××%在试运营 30 天内付清。

三、验收标准

本项目验收标准为××××。

四、服务时间

1. 服务时间

从签订合同之日起按照××××的服务范围由甲乙双方共同确定具体服务时间，初步计划服务时间从××××年××月和××日到××××年××月和××日。当所有合同范围内的××××服务都已经完成则视为服务合同完全履行和项目结束。

2. 服务地点

全国包括的具体省市名称包括××××××。

五、服务内容

项目服务内容包括××××××。

六、责任与义务

1. 乙方的责任与义务

（1）安全及保密要求：乙方同意在履约过程中履行保密义务，实施人员必须遵循甲方的各项规章制度，工作时间不得从事任何与工作无关的事情。

（2）服务方式：采取“现场实施+总部技术支持”的服务方式，乙方须根据现场服务工作量动态增减服务实施人员，服务人员须有 1 年以上相关实施经验。

（3）甲方有权要求撤换不合格的服务实施人员。

2. 甲方的责任与义务

甲方为乙方有效完成技术支持服务提供必要的支持，包括及时下达或完成相关工作任务，为乙方更好地完成工作任务而协调必要的场地、人员、业务和技术支持。

七、违约金和赔偿责任

1. 赔偿责任

(1)如由于乙方的过错或其他违约责任造成甲方损失，乙方应承担下列的赔偿责任：

①人身伤害(包括死亡)的损害赔偿及对有形动产和不动产的损害赔偿。

②任何其他实际直接损害赔偿额以受指控的服务的收费为限。

此限额也适用于乙方的任何承包商。该限额是乙方和乙方承包商须共同承担的最高责任限额。

(2)在任何情况下，乙方对下述事项不承担责任：

①甲方的记录或数据的丢失或损坏；尽管有前述规定，双方同意因乙方的过错而导致甲方的数据丢失或损坏时，乙方应基于甲方提供的备份数据，进行备份数据的加载。

②甲方的间接损失。

2. 甲方逾期付款

如甲方逾期付款，则每日按本合同总价的3‰向乙方偿付违约金。

八、不可抗力

(1) 由于一般公认的人力不可抗拒的原因(不可抗力指不能预见、不能避免并不能克服的客观情况)造成不可意料的事故而不能按合同规定履约时，乙方应立即以书面形式通告甲方，并提供事故发生的有效证明。

(2) 在不可抗力事件发生后，双方应努力寻求采取合理的方案履行不受不可抗力影响的其他事项。因不可抗力不能履行合同的，根据不可抗力的影响，部分或者全部免除责任，但法律另有规定的除外。当事人迟延履行后发生不可抗力的，不能免除责任。

九、争端的解决

（1）凡与本合同有关而引起的一切争议，甲乙双方应首先通过友好协商解决，如经协商后仍不能达成协议时，任何一方可以向法院提出诉讼。

（2）本合同的诉讼管辖地为广州有管辖权的法院。

（3）在进行法院审理期间，除提交法院审理的事项外，合同其他部分仍应继续履行。

（4）本合同按照中华人民共和国的法律进行解释。

十、通知

（1）本合同一方给对方的通知应用书面形式送达合同中规定的对方的地址，电传或传真要经对方的书面确认，以电报形式的通知，从当地邮电局发出电报的第二天视为送达。

（2）通知以送到日期或通知书的生效日期为生效日期，两者中以晚的一个日期为准。

十一、税和关税

（1）中国政府根据现行税法对甲方征收的与本合同有关的一切税费均应由甲方负担。

（2）中国政府根据现行的税法规定对乙方或其雇员征收的与本合同有关的一切税费均应由乙方负担。

十二、合同生效

本合同在以下条件达成后生效：合同经双方授权代表签字并加盖公章后生效，合同签字日期以最后一个签字日为准。

十三、其他

（1）本合同之所有附件均为合同的有效组成部分，与本合同具有同样法律效力，如果构成合同间各个文件间存在冲突,则以下列排列顺序在前的文件的效力优先。

①在执行本合同的过程中,所有经甲乙双方授权代表签署并盖章确认的文件(包括会议纪要、补充协议、往来信函)即成为本合同的有效组成部分,其生效日期为双方签字盖章或确认之日期。

②本合同主体。

(2)除甲方事先书面同意外,乙方不得部分或全部转让其应履行的合同项下的义务。

(3)本合同一式肆份,双方各执贰份。

(4)本合同合计页 A4 纸××张,缺页之合同为无效合同。

甲方(盖章):	乙方(盖章):
甲方法定代表人或授权代表人(签字):	乙方法定代表人或授权代表人(签字):
地　　址:	地　　址:
邮政编码:	邮政编码:
电　　话:	电　　话:
传　　真:	传　　真:
开户名称:	开户名称:××××科技有限公司
开户银行:	开户银行:××××支行
开户账号:	开户账号:×××××××××××

3.10.2 项目章程模板

项目章程

项目标题			
项目章程起草人		完成日期	
项目主要联系人			
职位	姓名及其所在部门	电话	电子邮件地址
项目发起人			
项目经理			
客户代表			
其他			
项目目标(目的)			
投资回报	待项目解决的问题详细描述,及解决问题后的投资回报		
项目假设条件	列出任何可能涉及的项目假设条件		
客户名称			
客户需求	列出客户的详细需求		
项目验收标准	详细描述项目的验收条件和交付物详细列表		
项目风险	列出项目的潜在风险		
项目里程碑	列出可能的里程碑,以及每个里程碑预计完成的日期		

授权组织	给项目授权的组织名称
项目经理职责	项目经理的职责描述
项目资源详细	
项目投资金额（Funding）	
项目团队组成	列出所有项目成员信息，包括姓名、职务及联系方式
软件工具	需要的软件工具
硬件设备	需要的硬件设备
项目签名	
职位	签名栏及日期
项目发起人	
项目经理	
其他干系人	

3.10.3 项目经理授权函模模板

项目经理授权函

致××公司：

本授权书声明：

现授权委托　　　（手机号码：　　　　　；身份证号码：　　　　　）为本公司项目经理，处理签署关于（××公司××项目）的项目管理及设备到货验收等工作。

本授权书有效期到　　　　（合同号：×××× ）合同履行完毕时止。

代表人签字：

（公司名称及公章）

20××年　月　日

3.10.4 干系人登记册模板

干系人登记册

姓名	职位	工作地点	项目角色	联系方式	来自内部/外部	主要需求/期望	对项目的潜在影响	干系人的个人特质	干系人当前参与程度	干系人所需参与程度	针对干系人可能的行动和沟通方案
					外部代表甲方，内部代表乙方	列出来自干系人的项目需求	列出来自干系人的影响力和对项目风险的容忍程度	个人特点和习惯的工作或沟通方式	不知晓/抵制/中立/支持/领导	不知晓/抵制/中立/支持/领导	如定期沟通和高层拜访等

不知晓:对项目和潜在影响不知晓;

抵制:知晓项目和潜在影响,抵制变更;

中立:知晓项目,既不支持,也不反对;

支持:知晓项目和潜在影响,支持变更;

领导:知晓项目和潜在影响,积极致力于保证项目成功

3.10.5 项目启动会模板

项目启动会的展示一般是以 PPT 的形式在项目启动会的重要时间节点上给客户做讲解,以下是以一个 IT 驻场运维管理项目为例阐述项目启动会应该有的内容,其中编号如 1,2,3 等可以初步理解为 PPT 的页码。

1. 项目目标

(1) 保障信息化日常管理任务顺利完成。

(2) 强化内控机制，保障运维体系高效运作。

(3) 进一步优化完善现有运维体系。

2. 项目范围

负责对运维体系各要素（制度、流程、人员、技术等）的建设、管理和协调。

(1)制度。

运维制度、文化和信息管理的建设和贯彻执行。

运维文化和服务管理理念的宣导。

通过具体的宣导手段提升运维人员的服务意识和管理水平。

(2) 流程。

有效协调资源参与流程的执行。

从技术和管理上协调处理重要或遗留的事件、问题、变更和发布。

推进项目转运维等相关流程的建设和完善。

监控运维流程的执行，评估流程执行的效率和效果，定期组织编制和分析流程相关管理报告。

(3) 人员。

梳理和优化运维体系中各角色、团队的职责，促进人员的合理分工。

评估运维体系人力资源配置情况、人员技能水平和绩效表现。

协调落实人员职能的转变和知识的传递。

(4) 工具。

推进 IT 服务管理平台的建设和有效运行，充分利用信息化手段保障运维体系的落实。

推进 IT 服务管理平台的集成、二次开发、应用推广和培训工作。

完善和改进运维监控系统的功能和监控指标。

3. 项目组织架构

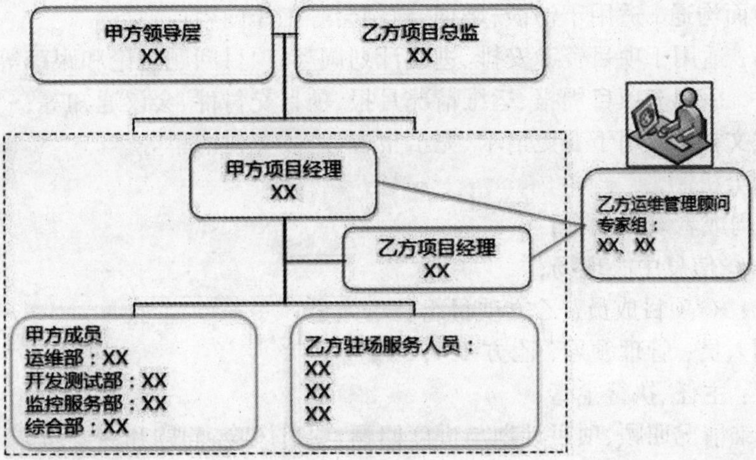

4. 项目实施计划

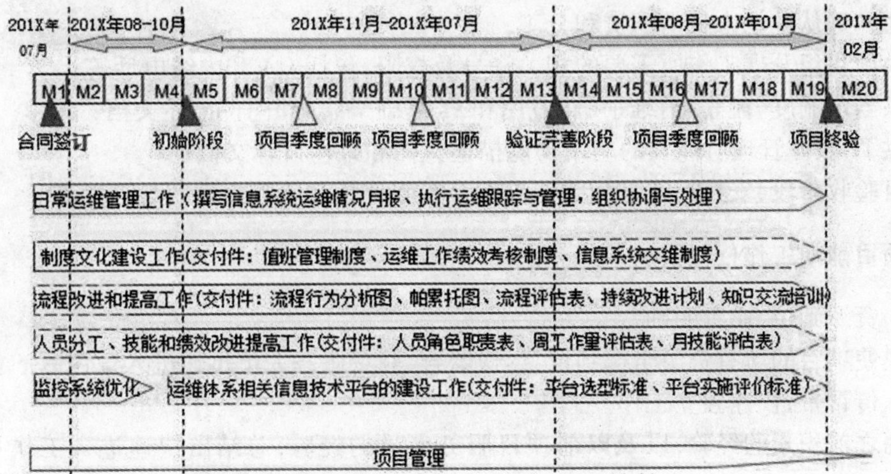

注释：实施计划中“M+数字”表示第几个月，M1 表示 1 月份

5. 项目沟通计划

(1)沟通方式。

现场面对面沟通，适用于访谈、培训、周例会等工作内容；

远程电话，适用于项目资源安排、进度计划调整、项目问题讨论和跟踪等；

电子邮件，适用于项目周报、运维情况月报、项目交付件、会议通知等；

书面正式文档，适用于变更请求、完工报告、产品交付清单等。

(2) 周例会机制。

时间：每周或者双周例会；

地点：××××信息中心现场；

参与人员：××项目成员，乙方项目组驻场人员；

双方协调人员：管理领导，乙方 PM；

会议主持：主任、执行主管；

议题：运维情况回顾、项目计划与进度回顾、项目风险、问题和需要协调事宜讨论。

(3) 项目需要支持和配合的方面。

驻场人员正式授权、得到高层领导的支持和各部门经理的配合；

沟通和确认驻场人员的职责和分工；

提供项目组开展工作所需要的相关帐号及权限,包括 OA 和内线电话等；

提供当前制度、流程、运维手册(应用和 IT 基础架构)和岗位描述文档；

提供 IT 服务管理所涉及的应用功能描述文档和架构设计文档；

项目验收阶段,安排运维办相关领导配合验收评估和验收文件的最终签署。

6. 项目前期工作(一周内)

(1) 资源到位、职责明确。

尽快使项目的所有资源全部到位,尽快磨合,驻场服务人员迅速进入角色。

(2) 传帮带,快速独立工作。

利用之前积累的经验,以及以前项目服务人员的经验,总结出快速进入工作角色的方法。

(3) 建立沟通渠道。

根据各个驻场服务角色职责，及周边相关资源快速建立有效沟通渠道。

(4) 细化和明确项目工作的组织架构。

明确组织干系人的角色、职责、对应关系和具体沟通方式，以便迅速开展日常管理工作。

(5) 明确项目启动后第一个月的任务计划。

制订第一个月的任务计划，汇总到项目经理，由项目经理督促完成。

3.10.6 项目会议纪要模板

<table>
<caption>会议纪要</caption>
<tr><td>议题</td><td colspan="4"></td></tr>
<tr><td>会议时间</td><td colspan="2"></td><td>地点</td><td></td></tr>
<tr><td>参会人</td><td colspan="4"></td></tr>
<tr><td>会议主持人</td><td colspan="4"></td></tr>
<tr><td colspan="5">会议摘要</td></tr>
<tr><td colspan="5"></td></tr>
<tr><td colspan="5">后续重点任务</td></tr>
<tr><td>序号</td><td>任务项</td><td>甲方
负责人</td><td>乙方
负责人</td><td>完成日期</td></tr>
<tr><td>1</td><td></td><td></td><td></td><td></td></tr>
<tr><td>2</td><td></td><td></td><td></td><td></td></tr>
<tr><td>3</td><td></td><td></td><td></td><td></td></tr>
<tr><td colspan="5"></td></tr>
<tr><td>纪要撰写人</td><td colspan="2"></td><td>审核人</td><td></td></tr>
<tr><td>分发人</td><td colspan="2"></td><td>抄送人</td><td></td></tr>
</table>

3.10.7 项目周报模板

项目周报

项目进展状况周报，内容包含对项目启动以来进展情况的总结和汇报，对本周及上周工作的总结及当前项目状态的更新，对工作中存在的问题及改进办法的总结，对下一周工作的计划等。

项目总体规划：

项目 任务编号	项目任务描述	计划完成时间	当前完成情况
1			
2			
3			

上周完成的任务：

<table>
<tr><th>项目
任务编号</th><th>项目任务描述</th><th>完成的子任务</th><th>完成时间</th></tr>
<tr><td rowspan="3">1</td><td rowspan="3"></td><td></td><td></td></tr>
<tr><td></td><td></td></tr>
<tr><td></td><td></td></tr>
<tr><td rowspan="3">2</td><td rowspan="3"></td><td></td><td></td></tr>
<tr><td></td><td></td></tr>
<tr><td></td><td></td></tr>
</table>

正在进行的任务：

项目 任务编号	项目任务描述	完成的子任务	完成的百分比
1			
2			

原项目计划的执行情况。

可用微软的 Projecter 绘制的甘特图或 PPT 的项目计划将项目时间情况和计划作比较。

交付件状况跟踪：

交付件 的类别	交付件的名称	交付件的存档路径	客户审核意见

上周问题回顾：

针对上周已发现的项目问题的解决情况进行回顾。

本周工作中存在的问题。

记录本周新发现的项目问题。

本周工作计划：

项目 任务编号	项目任务描述	完成的子任务	计划完成时间
1			
2			

希望客户配合的工作：

列举需要客户和其他供应商完成的工作内容，和需要客户和其他供应商配合的工作事项。

3.10.8 项目管理计划模板

1. 项目管理计划内容介绍

(1)项目管理计划的目的。

项目管理计划的目的在于描述项目合同工作范围、要求、依赖条件和项目风险等，运用项目管理方法对项目进行充分的计划，制订项目的任务分解结构(WBS)，分析任务预期耗时和相互的顺序及依赖关系，进而制订出项目的工期计划。同时，项目管理计划将对如下项目管理内容进行规划：项目组织结构、项目质量管理、项目风险管理、项目分包商管理、项目沟通管理、项目合同及财务管理、项目问题处理机制等。项目管理者通过项目管理计划来对项目进行管理，以完成项目的实施。

在整个项目期间，项目管理计划将作为新加入项目组成员的项目指南，并且作为整个项目组对项目目前状况进行了解时的信息来源。本计划的使用将贯穿项目的始终。并将在合同变化、进度和依赖条件变化、风险评估变化等情况下进行更新。

(2)内容纲要。

第一部分为概述,描述项目管理计划的目的和主要内容。

第二部分对整个项目进行概述,对项目目标及项目所要完成的系统进行描述,并记录相关合同信息。

第三部分描述项目合同约定的实施范围,列出要执行的任务和需提交的产品、服务和必要的验收条件等。

第四部分描述项目的计划进度表。

第五部分描述项目组织、职责分配。同时描述客户、集成商、分包商的职责以及和项目组的关系以及沟通计划。

第六部分列出了项目的依赖条件,包括客户和分包商所应提供的工具设备、产品和服务。为了满足合同承诺和协议,项目组必须及时接收到上述前提条件所设计的产品和服务。

第七部分对已识别的项目风险进行评估。在项目期间对风险进行监控的计划,以减少它们对项目产生不良影响的可能。

第八部分描述所采纳的管理控制方法来维护项目进度情况和项目财务状况,并对潜在的问题提供预警。

第九部分描述了项目质量管理方法,包括衡量系统满足要求的方法、标准以及在控制质量中使用的技术等。

2. 项目概要

提供此项目的总体概要,使不太了解项目的背景知识的阅读者在阅读后也能理解本计划书的必要性,系统的总体情况以及如何使用它。同时还提供有关合同的主要信息、阶段验收的要求和惩罚条款等。

(1)项目目标。

首先描述项目要完成的目标。如果此项目是一个大项目的一部分,还涉及其他的项目,或者涉及其他承包商或客户,则应明确陈述。应写明主承包商或转包商的任务角色,并列出其他转包商。

(2)系统描述。

应用足够的细节描述,达到对待开发或更改的系统的全面了解。作为总体概述的一部分,在这里通常适合用一个或多个图表达到这个目的。描述应以最终系统实现的目标、给客户带来的好处及为什么需要这个系统的陈述开始。如果适当的话,也应提供对现有系统的描述。对开发或改造后的系统描述应包括主要硬件、软件、外部结构、流程和数据流等要素;还包括对系统的使用方法(即操作概念)的陈述,诸如代码行数、用户数量、交易量或其他描述项目特征和规模的指标等量化数据也应进行描述。另外,还需指出其他转包商提供的系统组件。

(3)合同。

给出目前合同中的相关信息,如标题、日期、类型、价格和持续时间,并对重要的方面做说明。

3. 合同约定

定义合同义务,对起始点、工作内容、最终产品和验收或完工条件进行描述。其中需要重点强调的一点是,合同文件中包含的每一项条款都应该是经过谈判,与客户达成一致并取得正式的合同共识的,否则合同条款将没有任何意义。

(1)需求基准。

确定项目进程以及完工系统必须实现的需求内容。理想情况下,可以是对需求说明书的引用,包括功能性和非功能性需求等。任何重要的但并没有得到解决的问题应进行陈述,并列出解决的计划和时间表。值得注意的是这里并不需要对功能需求做彻底详细的描述。

(2)工作任务。

对合同约定的需要完成的工作做出陈述。应引用合同工作说明书和任务说明书的相关内容,另外,需要列出主要的任务。任务包括开发系统活动、维护和培训等支持任务,以及控制和管理项目必须的任务等。视情况可以对设计报告、周期性客户状态报告或其他与客户相关的事件进行描述。

(3)项目各阶段主要交付物。

交付物可能包括硬件、软件、数据和文档。这里不必进行非常细节的描述,如硬件特性等。针对每一项交付成果需定义以下内容:

①数量或其他一些在合同中规定的交付成果的信息;

②交付物的名称;

③交付日期,可从合同开始的日期起以日历的形式给出,或参考一些里程碑给出;

④验收条件,包括所有应满足和客户达成一致的合同约定条款中所规定要求的标准。

(4)验收测试。

如果所有交付成果都满足(3)中所述的验收条件,并正式验收,则应记录其验收测试情况。记录应包括如下方面:

① 测试方法。如谁指导测试(客户或合作人),如何建立完成准则,如结果不满足条件如何处理(验收条件,重测次数)。

② 鉴定测试文档。如计划文档、过程文档和测试报告等。

③ 测试环境。如数据生存的操作环境和测试数据的测试环境等。

(5)项目付款条件。

对合同中定义的付款条件进行说明。如在合同中的条款不够清晰,可在此澄清。

(6)其他条款与条件。

列出所有可能受到经济损失,影响项目的执行能力或在其他方面影响合同约定的其他条款与条件。如担保、罚款条款或产品责任条款。

4. 进度计划

本章列出的进度计划信息包括总体合同进度计划和里程碑进度计划,以及项目内部建立的内部任务进度计划。最后应包含的一项内容是与内部任务进度计划相对应的资源调配信息。

(1)总体进度计划。

本计划应描述合同需要的里程碑,是与客户进行进度计划讨论的主要参照。应包括如下方面:

①合同开始和结束日期;

②客户将参与的中间里程碑,如设计回顾和验收测试等;

③决策点,如客户决定执行一个合同特权;

④日期上的重要客户依赖关系,如测试数据的提供;

⑤项目阶段描述;

⑥影响项目计划的所有外部事件。

(2)工作分解结构。

项目工作分解结构(WBS)将任务和交付成果分解定义为内部进度计划需要的层次,用于追踪项目进程。这是一个分级结构,可以从进度计划活动的最低级追踪进行到任务层次的最高级。同时它也是分配责任和后面将要描述的财务跟踪的参照对象。

(3)进度关键路径。

通过跟踪甘特图分析得出项目关键路径,将关键路径上的工作项摘录制成列表。此列表应包括工作项内容、计划开始和完成时间、前提条件和外部依赖等。

5. 组织

描述组织结构、人员需求,以及组织人员的安排方法。表明组织和管理责任是合同执行责任的基础。

(1)项目组织。

利用标准的分级组织图描述项目组织结构,展示对所有参与组织适用的管理层次。如果问题不能解决,则依此层次关系逐层向上报告。另外,展示项目经理的控制下所有的直接元素,表明他们是否是项目组织中的一部分。列出关键的个人,如项目经理、职能经理、架构师和技术人员,同时列出支持组织、转包商组织等。如果项目的大小和复杂度允许,所有的组织元素,项目组织、支持组织、转包商组织等可以以一个附加分级图的形式给出。

(2)客户组织。

客户组织图描述对项目比较重要的客户组织部门及它们之间的关系。客户的变更信息也需要在此及时记录。如果客户在项目中有开发、测试或安装责任,则应写明其组织,及与项目组织之间的关系,并列出主要的客户人员名单。

(3)组织责任。

建立项目组人员与项目进度计划中所有的任务和交付成果之间清晰、完全的对应关系。可以利用 MS Projecter 将工作分解结构(WBS)与组织单元、每个个人或职位联系起来,使他们对自己的工作负责。也可以用权责矩阵 RACI 将主要的工作内容与负责人员(包括转包商)建立对应关系。

(4)沟通计划。

定期地、清晰地项目沟通是项目成果的关键。通过定义一个明确的日常项目沟通计划,以保证及时地将项目的相关信息提供给需要知道这些信息的项目干系人。

6. 依赖关系

项目的成功执行往往依赖一些不由项目执行组织直接控制的外部提供相应的条件，此处描述所有这些依赖因素。通常依赖三方面提供条件：客户提供、供应商和转包商提供。

7. 风险管理

说明如何鉴别影响项目成功执行的风险以及制订风险防范计划。从项目管理的角度，风险通常意味着由于超出计划的工作导致的成本增加而引起的利润或利益的减少、时间延后或是受到处罚的机会，也可以表示直接让某些方面直接受到损害的机会。例如，降低客户满意度。风险管理的目的是确保始终关注潜在问题，在潜在问题严重影响到项目之前确保有效监控潜在问题，并根据原则采取持续的行动转移或减轻其影响。

(1)风险鉴别与管理。

风险将会在项目计划中、执行、签约条件或条款、时间表和人员配置等方面暴露出来。风险管理文档应早于项目计划更新。风险等级评定一般从发生风险的必要条件产生的概率和风险产生后对项目的影响来考虑。需要记录每一个已定义的风险条目，具体的条目格式如下：

①对风险进行描述，例如，达不到性能要求，关键位置人员缺失等；

②风险发生的后果，例如，承担更多费用，项目交付时间延迟；

③定性的风险评估，通常包括高风险、中等风险和低风险等风险级别；

④风险产生的原因和事实依据；

⑤对于当前已鉴别风险的对应方案；

⑥预防风险发生的措施。

8. 管理控制

说明项目如何被监控与控制。控制是指项目的内部控制，提供客户对项目过程的可见性。

(1)变更控制。

变更是指由项目干系人提出的，对项目合同中规定的产品配置、服务内容和范围的变更。任何项目的变更，需由变更申请人填写变更申请表单，经甲乙双方项目经理评估该变更对项目造成的潜在影响的大小和所需的费用，并批准后，方可执行。

(2)数据管理。

本项目中的工作交付件，由项目任务负责人负责准备。但在交付项目产出物之前，必须经项目经理批准后方可正式提交给客户。所有在项目实施过程中形成的文档，包括工作交付件、会议纪要、阶段性完工报告和设计实施方案等，都应复制一份提交双方项目经理备案。所有项目文档应采用统一的文档编号规则，以便于管理。

(3)转包合约管理。

转包合约管理的目的是体现如何使对客户的合约职责延续到转包合约中，如何保证转包者完成各项指责。因此，在转包合约中需规定转包方的产品与服务的完工时期和监控办法。

9. 质量管理

记述如何控制质量基准和发展过程。

(1)质量计划。

列出了应该遵守的质量方针和标准，需要遵照的程序以及交付物的评判标准等。

(2)执行管理。

根据项目范围的要求，描述项目任务是如何被分配、跟踪和报告的。例如，在项目的执行过程中，考虑使用什么测算方法，通过什么来对项目进行评估。制定方式来测试估计项目绩效何时没有达到要求，并采取相应的纠正措施。

3.10.9 项目问题记录单模板

项目问题(Issue)记录单

问题基本信息					
问题编号	I××××	说明			
优先级	高/中/低	发生日期	YYYY年 MM月DD日	状态	未行动/处理中 /已解决/已拒绝
问题说明					
问题分类	范围管理、 资源管理等	根本原因		发现人	
问题导致的结果					
问题的解决方法					

期望的解决日期		负责人	

相关任务活动			
任务编号	负责人	期望完成日期	说明

问题历史	
日期	说明

3.10.10 项目风险记录单模板

项目风险(Risk)记录单样例 1

<table>
<tr><td colspan="6">风险基本信息</td></tr>
<tr><td>风险编号</td><td>R××××</td><td>说明</td><td colspan="3"></td></tr>
<tr><td>优先级</td><td>高/中/低</td><td>发现日期</td><td>YYYY 年
MM 月 DD 日</td><td>状态</td><td>新建/已规避/
已转移/已关闭</td></tr>
<tr><td colspan="6">风险描述</td></tr>
<tr><td colspan="6"></td></tr>
<tr><td colspan="6">风险规避计划</td></tr>
<tr><td colspan="6"></td></tr>
<tr><td>期望的解决日期</td><td colspan="2"></td><td>风险负责人</td><td colspan="2"></td></tr>
<tr><td>最终关闭日期</td><td colspan="2"></td><td>关闭确认人</td><td colspan="2"></td></tr>
<tr><td colspan="6">相关任务记录</td></tr>
<tr><td>任务编号</td><td>负责人</td><td>期望完成日期</td><td colspan="3">完成情况说明</td></tr>
<tr><td></td><td></td><td></td><td colspan="3"></td></tr>
<tr><td></td><td></td><td></td><td colspan="3"></td></tr>
<tr><td></td><td></td><td></td><td colspan="3"></td></tr>
<tr><td></td><td></td><td></td><td colspan="3"></td></tr>
<tr><td></td><td></td><td></td><td colspan="3"></td></tr>
</table>

项目风险(Risk)记录单样例2

风险基本信息					
风险编号	R××××	简要说明			
优先级	高/中/低	识别日期	YYYY年 MM月DD日	状态	未行动/处理 中/已解决
负责人		更新版本			
风险描述					
造成风险因素		可能造成结果		来源	
风险类别		作用时间窗口		发生频率	
可能造成损失		识别人			
风险分析/更新					
更新时间		风险可能性	高/中/低	影响类别	资金/进 度/质量
风险总体影响	高/中/低	风险重要度		引用行 动计划	引用相应的应对 风险的行动计划
引用风险 发生问题	引用风险发生 的问题记录单				
风险评估历史					
评估日期	说明				

3.10.11 项目变更申请单模板

项目变更申请单

项目基本信息					
合同号		项目名称			
变更请求标识					
变更编号		简要说明			
优先级	高/中/低	提出日期		状态	未进行／已批准／已拒绝批准／已实施/结束
提出者					
变更请求分析					
影响分析					
考虑的解决方案					
工作量估算					
可能的开始实施日期		可能的期望完成日期			
影响程度		资源			
分析人					
变更请求实施					
实施决策		批准/拒绝/延期			
批准的开始执行日期		期望的执行完成日期			
批准日期		批准人			
实际的执行日期		实际的完成日期			
补充说明					

3.10.12 干系人检查对应表模板

干系人管理检查对照表

项目经理应如何管理干系人的参与?	你是否做到了?
1. 确定所有干系人的名称、职位和联系方式,建立干系人登记册文档	
2. 按照干系人对项目的影响力和支持程度,将干系人放入"双重指标评估模型"中进行影响分析和管理 (注:本书的图3.4具体介绍了双重指标评估模型)	
3. 确定干系人的所有需求,并及时记录和跟踪管理	
4. 确定干系人的期望并衡量是否转化为需求	
5. 适时管理并影响干系人的参与	
6. 干系人需求最终确定后,让干系人签字确认,并有效归档	
7. 在干系人发生调整或变化时,及时评估干系人的知识和技能	
8. 定期分析项目对干系人需求的满足情况	
9. 及时告知干系人哪些需求可以满足,哪些不能满足以及原因	
10. 通过分配一些项目工作,比如让干系人担当某些风险的应对负责人,使干系人参与项目	
11. 合理利用不同干系人的专长	
12. 在项目的实行过程中了解干系人的需要并使沟通常态化	
13. 在项目变更以及批准流程的运作方面让干系人参与	
14. 让干系人参与项目的阶段经验教训总结	
15. 在项目阶段收尾时,获得干系人的签字和正式验收	

3.10.13 项目绩效报告模板

项目经理每月提交如下月报内容给项目总监，并对每个检查项的检查结果栏位标成不同的颜色，比如 G 表示 Green 绿色（绿灯）、Y 表示 Yellow 黄色（黄灯）和 R 表示 Red 红色（红灯）。由于本书非彩色印刷，目前在表格中通过 G、Y 和 R 来标注检查结果和总分。

绩效控制点	检查项	描述	颜色定义	检查结果	总分	建议行动	负责人	完成时间
项目沟通管理	客户对项目现状是否满意	满意（有客户方或业务代表方正面反馈）	G	G	Y			
		无法判断	Y					
		显著不满意（投诉等）	R					
	是否与客户项目经理定期沟通汇报项目状况	有沟通计划并按期执行	G	Y				
		不定期沟通	Y					
		很少沟通	R					
	是否定期与客户管理层就本项目进行沟通	定期拜访	G	G				
		很少	Y					
		没有	R					

绩效控制点	检查项	描述	颜色定义	检查结果	总分	建议行动	负责人	完成时间
项目进度管理	是否制订项目进度计划	具备详细项目进度计划,并与客户充分沟通,得到客户认可	G	G	R			
		有项目进度计划,未和客户充分沟通	Y					
		无项目进度计划	R					
	是否严格控制项目进度	定期审查项目进度,分析汇报差距并执行改善行动	G	Y				
		非定期审查项目进度或无后续行动计划	Y					
		不审查项目进度	R					
	项目进度是否延迟	按进度计划执行	G	R				
		与进度计划相比可能有延迟	Y					
		与进度计划相比有延迟	R					
项目成本管理	是否存在成本超支的风险	项目成本控制在成本管理基准内	G	G	G			
		预计项目成本有超出成本管理基准的可能	Y					
		项目成本已经超出项目管理基准	R					
	是否存在其他财务问题	项目不存在其他财务问题	G	G				
		项目存在较少的财务问题	Y					
		项目存在较多的财务问题	R					

绩效控制点	检查项	描述	颜色定义	检查结果	总分	建议行动	负责人	完成时间
项目资源管理	是否制订项目人力资源管理计划	有完整的组织架构、人员职责定义、人员时间安排并得到人力资源经理批准	G					
		有组织架构，但人员职责定义不够清晰或人员时间安排不够详细或没有得到人力资源经理批准	Y					
		没有人力资源管理计划	R					
	是否存在人力资源调配问题	项目所需的人力资源能得到很好保证	G					
		项目能够得到所需的人力资源但在支持时间及力度上不能得到很好保证	Y					
		项目无法及时得到所需的人力资源，已严重影响项目进展	R					
	是否存在团队合作问题	不存在项目团队合作问题	G					
		项目组成员在合作、沟通、士气等方面存在一些问题	Y					
		项目组成员在合作、沟通、士气等方面存在严重问题，如人员矛盾等	R					

绩效控制点	检查项	描述	颜色定义	检查结果	总分	建议行动	负责人	完成时间
项目质量管理	是否制订质量管理计划	制订包含质量标准、质量保证流程等在内的完整质量管理计划	G					
		质量管理计划不完整，只包含部分内容	Y					
		无质量管理计划	R					
	是否执行质量管理流程	定期审查质量保证流程并完善，按照质量标准检验交付件质量，分析差距并制订改进计划	G					
		没有严格遵从质量管理计划，完成部分质量管理内容	Y					
		没有遵从质量管理计划制订的流程	R					
	是否存在质量问题	完全符合质量管理计划制订的质量标准	G					
		基本符合质量标准但需改进	Y					
		存在比较严重的质量问题	R					
项目范围管理	是否定义明确范围	制订并签订 SOW，需求分析设计文档	G					
		只有口头传输的范围文件	Y					
		没有明确制订范围	R					

绩效控制点	检查项	描述	颜色定义	检查结果	总分	建议行动	负责人	完成时间
项目范围管理	是否与项目团队沟通范围	定期召开会议沟通范围	G					
		偶尔召开会议沟通范围	Y					
		几乎没有沟通过范围	R					
	是否严格审批变更记录	严格按照标准变更审批和发布流程：评估—审核—开发—发布—实施	G					
		部分依照标准不变更审批流程，依靠项目管理的习惯	Y					
		几乎没有变更审批的评估和审核，直接开发实施	R					
项目风险管理	是否规划风险管理	建立严格的风险管理计划	G					
		遇到风险后，才开始规划	Y					
		基本没有风险管理	R					
	是否定性、定量分析风险	针对识别的风险，进行对应的定性和定量分析，并制订应对计划	G					
		风险发生后，才进行分析	Y					
		几乎没有风险分析	R					
	风险发生后，是否启动应对计划	启动应对计划，并监控结果，进行评估后跟进总结	G					
		风险发生后，才分析应对计划	Y					
		几乎没有应对计划	R					

3.10.14　项目验收报告模板

项目验收报告

==

客户名称：××××××
合同号：　××××××

合同中的本项付款条款：

交付件验收后××××天内，支付合同总额的××%

本项完成的服务内容：
××××交付件

我 同 意 上 述 完 工 情 况 。

客户签字：_______________　签字人职务：____________

签字日期：____________　客户电话：____________客户传真：____________
客户留言：
____
____

服务提供方项目经理签字：_______________

3.10.15 项目转运维检查 Checklist 模板

项目转运维检查 Checklist 模板如下：

文档名称	内容要求	针对全新产品或服务	针对功能完善的产品或服务	交付时间
需求规格说明书文档	详细说明本项目的业务需求范围、业务流程要求、应用界面、安全、性能等规范	必须	—	不晚于项目转维评审时间
概要设计说明文档	详细说明系统设计思路，包括组织架构、模块划分、功能分配、系统如何实现业务等	必须	—	不晚于项目转维评审时间
详细设计文档	详细说明系统架构、设计方式及接口设计	必须	—	不晚于项目转维评审时间
数据库设计文档	要求提供基于系统功能和性能要求下的数据库设计说明文档，并提供数据库设计实体文件，如 PDM 文件	必须	—	不晚于项目转维评审时间
用户手册	详细说明用户如何安装部署配置和使用该应用，常见问题处理，包括终端用户及系统管理员指南	必须	—	不晚于项目转维评审时间
需求设计文档（功能增强）	功能增强开发，详细说明业务需求及详细设计方案	—	必须	不晚于项目转维评审时间

文档名称	内容要求	针对全新产品或服务	针对功能完善的产品或服务	交付时间
上线操作指引	详细说明功能变更的业务场景,界面显示变化及操作描述	—	必须	不晚于项目转维评审时间
数据脚本执行文档	提供数据初始化脚本及数据生成脚本	—	必须	不晚于项目转维评审时间
系统测试报告	包括系统功能、性能、安全性等内容完整的测试方案、测试结果和测试结论	必须	必须	不晚于项目转维评审时间
维护计划	详细说明转维培训方案及后续维护更新计划,开发建设方需要对运维人员提供培训,需要制订和执行后续维护计划以保证运维人员及时准确掌握后续系统更新	必须	必须	不晚于项目转维评审时间

第4章　服务运营

一个公司的管理分为战略管理、项目管理和运营管理。公司的战略管理是考虑公司的核心价值、公司存在的意义、商业利益和未来的发展方向。项目必须和战略保持一致,项目是为了实现公司战略而完成的每个独特的产品或服务。每个项目都是唯一的,而运营是常规和重复的。项目是开放和变化的,运营是封闭和稳定的。项目的目的是为了提交项目交付成果并结束项目,而运营是持续的维护和操作。项目与运营可以在产品生命周期的不同阶段进行交叉,而可交付成果和知识也可以在项目与运营之间转移。

本章是对服务运营的具体阐述。服务运营是按照同客户签订的服务承诺协议,对终端用户实施服务,并且能够有效地管理相关应用、技术和基础架构来确保高效地完成日常服务支持的方案,从而确保客户和服务提供者的根本利益。由于服务运营是通过服务运营人员给终端用户直接创造价值的,所以服务运营的最主要的目的就是在服务承诺的基础上成功实现服务的价值。通过有效的运营资产的介绍来阐述服务运营如何实施服务并为客户创造价值和收益。

4.1　运营(运维)周报模板

运营周报

本周工作重点内容:

日常工作					
工作编号	工作内容	完成时间	工作交付成果	负责人	状态
1	日常问题管理跟踪	持续	《××问题跟踪》	××××	进行中(已完成)

2					
专项工作					
工作编号	工作内容	完成时间	工作交付成果	负责人	状态
1	撰写运维绩效评估报告	××月××日	《××绩效评估报告》	××××	进行中（已完成）
2					

下周工作重点内容：

日常工作					
工作编号	工作内容	完成时间	工作交付成果	负责人	状态
1	日常问题管理跟踪	××月××日	《××问题跟踪》	××××	进行中（已完成）
	专项工作				
工作编号	工作编号	工作编号	工作编号	工作编号	工作编号
1	参加运维月报会	××月××日		××××	

<table>
<tr><td>2</td><td></td><td></td><td></td><td></td><td></td></tr>
<tr><td colspan="6">重大决策：
如果有，请在此处注明</td></tr>
<tr><td colspan="6">运营风险及应对：
风险：
应对：
责任人：
预计完成时间：</td></tr>
</table>

附件：

文档编号	文档名称	注释

文档分发：此文档将分发至如下个人

姓名	职务/职称
××××	××服务总监
××××	××服务经理

4.2 会议纪要模板

会议纪要

<table>
<tr><td>议题</td><td colspan="3">××××例会</td></tr>
<tr><td>会议时间</td><td>YYYY-MM-DD HH:MM-HH:MM</td><td>地点</td><td>××××会议室</td></tr>
<tr><td>参会人</td><td colspan="3">客户代表：××××、××××
××××代表：××××、××××</td></tr>
<tr><td>会议主持人</td><td colspan="3">××××</td></tr>
<tr><td colspan="4">会议摘要</td></tr>
<tr><td colspan="4">一、××××工作回顾
(1)回顾本周和计划下周工作的内容，并对相关事项提出改进建议。
(2)会议提出后期需要注意的重点如下：
①问题跟踪。需要针对问题有较深入的理解和改进建议。
②通过事故评估记录表来跟踪服务提供厂商的事故记录和责任认定。
③服务台工作侧重新入职服务台人员职责落实和知识管理。
④考虑人力分配问题，目前问题和变更导致的事故比较多，需要考虑人员工作的瓶颈问题。
二、××公告规定的讨论
(1)讨论××公告的文档格式，并针对具体内容进行了讨论。
(2)公告要有评估和审批环节，并要考虑事前预告和事后没有符合既定实施计划的公告环节。</td></tr>
<tr><td colspan="4">后续重点任务</td></tr>
</table>

序号	任务	甲方负责人	乙方负责人	完成日期
1	印制相关制度文档,并张贴相关运维宣传海报	××××	××××	MM 月 DD 日
2	定稿××公告规定	××××	××××	MM 月 DD 日
会议纪要记录人	××××	会议纪要审核人	××××	
分发清单	与会人员	抄送	××全体	

4.3 会议(培训)签到表模板

会议(培训)签到表

会议名称	××××会			
会议时间	YYYY 年 MM 月 DD 日 HH:MM:SS-HH:MM:SS			
会议地点	××××会议室			
会议主题	公布信息中心××××的要求			
姓名	项目组	职务	联系方式	
			手机	邮件地址(E-mail)

4.4 运营(运维)值班表模板

信息中心技术支持值班表

(YYYY 年 MM 月)

日期	MM-DD (周一)	MM-DD (周二)	MM-DD (周三)	MM-DD (周四)	MM-DD (周五)	MM-DD (周六)	MM-DD (周日)
8:00 ~ 17:00	刘××＊	张××					
	李××						
12:00 ~ 晚班	冯××						
日期	MM-DD (周一)	MM-DD (周二)	MM-DD (周三)	MM-DD (周四)	MM-DD (周五)	MM-DD (周六)	MM-DD (周日)
8:00 ~ 17:00							
12:00 ~ 晚班							

注：名字后带“＊”号的人员表示负责填写值班日志,完成系统备份

晚班人员负责夜间值班和紧急技术支持

运营管理人员自行安排组内人员关于周末和节假日值班顺序

4.5 运营(运维)服务改进计划模板

改进识别号(Identifier)	改进目标(Mitigation Target)	改进的具体动作(Activity)	负责人(Owner)	目标完成日期(Target Date)	备注(Comments)
SIP1	建立××系统对外接口清单维护机制	建立××系统对外接口清单维护和变更通知机制,目前代码规划的不够合理,虽然可用但需优化。优化的初衷是想改善接口的表现方式,提高接口的可维护性和后续的可扩展性	李××	YYYY 年 MM 月 DD 日	此处可以列明对此次改进的具体动作和执行时间的记录

4.6 巡检报告单模板

巡检报告单

(YYYY 年 MM 月)

客户名称	××××		
巡检时间	YYYY 年 MM 月 DD 日	巡检周期	每 1 个月

服务名称	
服务类型	□开发测试 □安装实施 □运维支持 □产品功能测试 □巡检
服务方式	□现场 □E-mail □电话□驻厂 □其他方式
客户接口人	
巡检具体内容描述或客户故障描述	
检查软件运行状况、分析备份软件日志情况，包括如下内容： ①EMC Networker 备份系统运行情况。 ②Oracle 和 DB2 系统备份情况。 ③服务器硬件情况。 ④关键应用文件系统备份情况。 ⑤SAN 存储节点运行情况。	
1. EMC Networker 备份系统运行情况	
此处列出巡检的结果	
2. Oracle 和 DB2 系统备份情况	
此处列出巡检的结果	
3. 服务器硬件情况	
此处列出巡检的结果	
4. 关键应用文件系统备份情况	
此处列出巡检的结果	
5. SAN 存储节点运行情况	
此处列出巡检的结果	
6. 总结问题及处理措施与建议	

此处做巡检的最终结论和处理意见等信息	
客户签字： 年 月 日	巡检工程师签字： 年 月 日

4.7 故障(问题)单跟踪表模板

故障(问题)单跟踪表

故障或问题类型	应用或系统名称	应用模块名称	任务描述	目标解决时间	登记时间	分派时间	受理人	受理时间	升级时间	实际解决时间	关闭时间	投入的工作量(小时)	是否是一次性解决	解决方案是否作为知识条目添加到知识库

注:运营团队的组长或经理作为提交到运维团队所有故障或问题单的统一入口。对任何一个需要团队解决的故障或问题单,组长或经理总控每个故障或问题单的分派时间、受理时间、目标解决时间、实际解决时间和受理人投入的工作量。

4.8 事故报告模板

××公司事故报告

第×期

××部门　　　　　　YYYY年MM月DD日

关于××××故障事故报告

一、事故情况

YYYY年MM月DD日HH:MM ××××地点发生×××××情况,影响范围是×××××,当前恢复状态时××××,总共影响时间共××小时。

二、事故的分析和解决

事故发生后,××××立即组织力量分析和排查故障,并及时发布运维公告。本次事故原因是××××。采取的具体措施和步骤是××××,各个系统的恢复时间是×××××。

三、改进措施

(1)加强××××工作。

(2)制定××××业务系统应急预案。

(3)优化××××配置,减少单点故障。

4.9 运维公告模板

关于×××的通知

××××单位领导或同事：

由于××××原因,××××信息中心计划于××××对××系统进行维护。在此期间,以下办公室内的 Internet 网络和电话服务将会受到影响。具体的信息如下：

<table>
<tr><th>影响区域</th><th>开始时间</th><th>结束时间</th><th>影响</th><th>备注</th></tr>
<tr><td>信息中心 1 楼办公室</td><td>MM 月 DD 日
HH:MM</td><td>MM 月 DD 日
HH:MM</td><td rowspan="2">办公室内的有线和无线网络、电话语音服务届时将会有一次 5 ~ 10 分钟的中断</td><td rowspan="2">内网不受影响</td></tr>
<tr><td>信息中心 2 楼办公室</td><td>MM 月 DD 日
HH:MM</td><td>MM 月 DD 日
HH:MM</td></tr>
</table>

由此给您带来的不便我们深表歉意，感谢您的支持和配合！

若有问题，敬请致电 IT 服务台!

××××信息中心

二〇××年××月××日

4.10 资产维护表模板

资产维护表

文档编号: 年 月

资产编号	资产分类	数量	资产供应商名称	采购日期	使用年限	入库日期	失效日期	调拨日期	当前使用部门	部门责任人	资产介质存放的位置	资产对应设备型号	设备类型	设备所在机柜编号	设备所在机房	资产记录登记时间	资产当前状态

注释:信息中心统一通过一张表单维护所有的软件资产。

资产当前状态为已采购、已入库、已分发、已过期等。

资产介质存放的位置包括 FTP 路径和物理存放地等信息。

4.11 知识管理条目模板

【创建日期】YYYY-MM-DD

【创建人员】××××

【归属地区】××××

【归属部门】××××

【更新日期】YYYY-MM-DD

【更新人员】××××

【审核日期】YYYY-MM-DD

【审核人员】××××

【审核状态】通过/未通过

【安全级别】一级/二级/三级/四级

（注释：建立知识库知识的保密级别。根据普通客户、VIP 客户、内部员工等不同用户角色开放不同的权限。具体权利设置如下：

一级：对所有用户开放，包括客户及内部员工。

二级：对 VIP 客户及内部员工开放。

三级：对内部员工开放。

四级：仅对部分有权限的岗位或角色开放。）

【问题标题】因×××无法操作，××不能办理××××的解决方案。

【研究状态】处理中/已知错误/已解决/关闭未解决。

【分类代码】××××（请参照附录中的分类代码定义）。

【问题来源】重大故障/SLA 违背/变更失败/发布失败/经理请求/客户请求/主动趋势分析/流程行为分析/其他。

根源问题分析（RCA）

【问题描述】

××××××××××××× ×××××××××××××

【原因分析】

××××××××××××× ×××××××××××××

（注释：对每一个针对此问题根源的假设，需要连续问五个 Why，并做出回答。具体的回答格式如下：

Why#1：为什么这个问题会发生？

Why#2：为什么 Why#1 会发生？

Why#3：为什么 Why#2 会发生？

Why#4：为什么 Why#3 会发生？

Why#5：为什么 Why#4 会发生？）

【解决方案】

××××××××××××× ×××××××××××××(注释:可以在此处插入附件。)

【潜在影响】

×××××××××××××(注释:列出此问题的风险和可能的潜在影响。)

【关联单号】

×××××××××××××(注释:列出和此知识条目相关的事件单、故障单、问题单、变更单和发布单。)

【引用次数及排名】

×××××××××××××(注释:可在以后知识管理工具中实现。)

4.12 系统变更申请单模板

系统变更申请单

申请日期: YYYY 年 MM 月 DD 日　　　　文档编号: ×××××××

变更级别	□重大变更 ■一般变更 □简单变更 □标准变更	计划变更时间	YYYY 年 MM 月 DD 日 HH 时至 DD 日 HH 时
变更节点	■生产 ×××××× □灾备: □其他	变更提出单位	×××组
		单位负责人	×××
变更类别	■主机 □中间件 □数据库 □存储 □应用/□其他	变更性质	■ 永久性 □ 临时性(　天)

关联的故障单号	空	关联的问题单号	空
关联的配置项信息	例如:服务器的名称、Model Type、Serial Number 和 IP 地址等信息		
变更操作人	×××	变更核对人	×××
变更原因			
变更目标			
给系统带来的影响和变化			
变更方案	阐述变更主要内容和具体的方法。如果有多种方法,比较其相互的优劣关系,并最终建议一种方法或解决方案		
应急预案或回退计划	此处要有应急预案或回退计划的具体描述。可以插入附件,如参考《×××××××》回退步骤部分		
变更执行步骤	此处要列出具体的变更步骤、时间点和需要配合的相关项目组的步骤和时间点信息。可以插入附件,如参考《×××××. doc》实施步骤部分		

变更可行性分析	可以把原厂商的建议或风险评估列到此处
变更测试结果	变更一定有测试,这里列出测试结果
变更初审	变更核对人员初审 初审人邮件或会议审批记录,可以插入附件
变更复审	变更审查岗复审 复审人邮件或会议审批记录,可以插入附件
变更批准	由变更经理批准 变更最终批准人邮件或会议审批记录,可以插入附件

4.13 IT 服务运维人员简历模板

以下是 IT 服务运维人员的个人简历样例,仅供参考。

个人简历

姓　　名　×××
应聘职位　IT 运维组长(工程师)
性　　别　男/女
国　　籍　中国
联系方式　(86) 13××××××××
离职期　面议(预计一个月左右)
外语水平　英语流利

个人的概况和分析：

在 IBM 的全球 IT 服务外包部门工作过 3 年以及在中国本土的 IT 公司工作过 2 年，熟悉中西文化背景并充分了解中西方的工作生活方式。担当过 IT 运维组长和 ERP 软件工程师等职务。

熟悉项目管理(PMP)和 ITIL 服务管理理论。

近期负责过的一些项目包括：

03/2007-03/2008　澳洲和新西兰数据中心服务器集成项目

运维组长

- 负责数据中心基于 IBM P 系列的服务器的系统和系统集成
- 与 IBM 的产品专家一起审核执行的流程，并创建关于 AIX 操作系统、DB2、TSM 等的安装指南
- 执行服务器的缺陷攻击测试，服务器的健康检查，制定服务器的安全管理和配置管理

02/2005-02/2007　欧洲、中东、非洲项目服务器维护项目

运维工程师

- 处理 AIX 操作系统的 7×24 小时二级和三级问题和系统变更
- 设计并书写关于 AIX 操作系统的脚本对客户服务器和网络进行健康检查
- 总结所有已经发生的问题解决方案，写英文的操作手册和审计报告
- 提供对 IBM ITM、NIM、HMC、TSM 和 HACMP 的支持

01/2004-01/2005　ERP 服务管理项目

ERP 软件工程师

- 为 ERP 的核心模块总账、进销存和 MRP 系统提供详细设计文档
- 应用开发软件完成 ERP 前后台模块的编码工作，包括总账款、分立账款、采购和销售订单流程等
- 提供日常的系统维护，包括 ERP 系统监控、数据备份与恢复和服务的健康检查等

证　书

ITIL ITSM V2 & V3 – IT 服务管理 第2版 和 第3版
(IT Infrastructure Library V2 & V3)

PMP 项目管理认证
(Project Management Professional Certification)

MICROSOFT 认证的系统工程师
(Microsoft Certified Systems Engineer)

主要技术专长:
操作系统(Operation Systems)
- AIX ,Windows 2003, Red Hat Linux

程序设计语言(Programming Language)
- C#, VB. NET, Java, C/ C++

4.14 IT 服务管理成熟度评估表

以下是基于国际 IT 服务管理标准 ISO 20000 服务管理成熟度评估方法论拟定的 IT 服务管理成熟度评估参照表,我们可以通过该表来稽核具体的 IT 服务管理流程的实施成熟度情况。

表 4.1　IT 服务管理成熟度评估参照表

稽核项	条目	稽核内容	打分（1～5 分）
事件管理（故障管理）	1.	服务台是否有满意度调查办法来度量服务的质量	
	2.	具体的事件（故障）是否被定义了不同的类型和优先级别	
	3.	事件（故障）是否被定义了起始时间、受理时间和结束时间	
	4.	有无对一线及二线支持范围进行明确的区分和定义	
	5.	是否所有的事件（故障）都被记录。不存在有一些非正式的渠道使得用户能够绕过流程操作。例如：用户直接打电话给二线支持人员	
	6.	用户是否被及时告知由其所提出的事件（故障）或服务请求的进展情况	
	7.	当有无法达到服务级别协议要求（SLA）的时候，客户是否被及时告知	
	8.	所有参与事件（故障）管理的人员是否有权限存取相关的信息，包括已知错误和问题解决知识库等	
	9.	在解决一个事件（故障）时，是否会先检查以前同样的事件（故障）是否发生过、如何解决的？是否与知识库关联	

续表 4.1

稽核项	条目	稽核内容	打分（1~5分）
事件管理（故障管理）	10.	有无定义事件(故障)处理的服务级别协议(SLA)/运营级别协议(OLA),以及具体的监控和升级办法	
	11.	当用户报告故障时,是否有用户等级,区分VIP用户,使VIP用户得到优先照顾	
	12.	是否有适当的管理报表？例如:一线解决率等	
	13.	是否有专门的机制处理影响度高的事件(故障),即重大故障处理流程	
	14.	事件(故障)管理流程的关键绩效指标(KPI)有哪些？是否定期回顾	
	15.	是否记录事件(故障)管理流程中需要改进的事项？采取改进措施并跟进,有服务改进计划或机制	
	16.	是否区分事件(故障)管理和问题管理流程？从事件(故障)管理流程到问题管理流程是否有良好的信息流	
问题管理	1.	所有已定义的问题是否已经开问题单并被详细记录	
	2.	问题是否被定义了起始时间和结束时间	
	3.	问题是否进行分类和优先级别？例如:类别、紧急程度、对业务的影响度和处理的优先级	
	4.	是否有基于配置管理的问题影响度分析机制和办法	
	5.	是否定义了问题管理的范围,并和事件(故障)管理进行有效的区分	
	6.	问题是否被发现造成问题的根本原因,并降低重复事件(故障)的比率	
	7.	是否采取预防措施以降低潜在的问题？如日常巡检和帕累托图分析等	

续表 4.1

稽核项	条目	稽核内容	打分 (1~5分)
问题管理	8.	是否定期推广问题分析方法(例如:5 Why 分析法)和基于历史经验的知识分享	
	9.	为了实现问题处理的有效性,是否对问题解决方法进行监控、审查和报告	
	10.	是否建立问题解决后有效审核和关闭机制,如问题经理负责每个问题单的审核和关闭	
	11.	有无定义问题处理的服务级别协议(SLA)/运营级别协议(OLA),以及具体的监控和升级办法	
	12.	是否有适当的管理报表?例如:问题按时解决率等	
	13.	有无对已知错误的管理及时控制?例如:把以前问题的解决办法放入运维知识库中,以备以后快速查询	
	14.	问题管理流程的关键绩效指标(KPI)有哪些?是否定期回顾	
	15.	是否记录问题管理流程中需要改进的事项?采取改进措施并跟进,有服务改进计划或机制	
	16.	问题管理与其他流程是否有必要的关联?例如:对已知错误的问题开变更请求单,并把变更请求单传递给变更管理流程	
变更管理	1.	是否清楚定义服务的范围,并形成必要的文件?(服务目录、SLA、CMDB 的配置项和配置项的关系)	
	2.	变更管理的范围是否有明确的定义?例如:包括操作系统、应用、网络和设备的变更等	
	3.	在变更提交前,是否检查和验证其完整性	
	4.	是否所有的变更都有记录(包括被拒绝的变更)	

续表 4.1

稽核项	条目	稽核内容	打分（1~5分）
变更管理	5.	是否对变更请求，就其风险、影响与商业利益进行评估？如对系统容量、可用性和灾备的影响。是否对具体的变更的可行性分析与最终意见被有效地记录	
	6.	变更是否按照其影响度和紧急程度分类？如定义重大变更和审批人员的级别	
	7.	是否所有的变更被成功执行，并有执行后的检查（Post Implementation Review）	
	8.	变更单中是否包括在变更不成功时的回滚计划（Backout Plan）	
	9.	是否对相应的政策来控制对紧急变更（Urgent Change）的授权与执行	
	10.	是否清晰地区分正常变更请求（例如：更新应用）与标准变更或服务请求（例如：重置密码）之间的不同？对标准变更进行有效的范围定义	
	11.	变更记录是否被定期分析，以侦测变更增加的程度、经常的反复的类型、紧急的趋势与其他相关联的信息	
	12.	任何变更是否经过变更顾问委员会（Change Advisory Board）审批后方可执行	
	13.	变更计划或变更窗口是否被有效定义？计划变更的日期是否作为真正制定变更时间表的基础	
	14.	变更管理流程的关键绩效指标（KPI）有哪些？是否定期回顾	
	15.	是否记录变更管理流程中需要改进的事项？采取改进措施并跟进，有服务改进计划或机制	
	16.	是否与其他流程有信息交互？例如：与问题管理和配置管理的交互	

续表 4.1

稽核项	条目	稽核内容	打分（1~5 分）
配置管理	1.	是否清楚定义配置管理所管理的范围，并形成必要的文件？如服务目录和配置管理数据库（CMDB）的流程文档	
	2.	是否存放服务资产的配置项在配置管理数据库中	
	3.	是否有一份明确定义的组件命名规范？是否所有相关的设备都有明确的标签	
	4.	配置管理数据库的结构有能够预防重复输入的机制。确保配置信息的正确性和唯一性	
	5.	配置项与配置项之间的关系都被有效地定义	
	6.	配置管理是否提供对配置项的版本控制和追踪	
	7.	是否配置项之变更遵循变更管理流程？对配置项之间的关系进行跟踪控制	
	8.	配置管理数据库是否被有效管理以确保配置数据的安全性、可靠性和正确性	
	9.	被授权的有需要提取配置项信息的使用者是否可以取得配置项的状态、版本、位置和相关变更信息	
	10.	是否有配置管理数据库的年度（或定期）稽核报告	
	11.	配置稽核报告中是否记录任何配置项的缺陷、采取矫正措施和报告最终结果	
	12.	是否应用配置管理自动发现工具和配置项变更的预审批机制	
	13.	是否有一系列控制环节来保障配置管理流程不被绕开	
	14.	配置管理流程的关键绩效指标（KPI）有哪些？是否定期回顾	
	15.	是否记录配置管理流程中需要改进的事项？采取改进措施并跟进，有服务改进计划或机制	

续表 4.1

稽核项	条目	稽核内容	打分 (1~5分)
配置管理	16.	是否与其他流程有信息交互？例如：与事件（故障）管理、问题管理、变更管理和发布管理的交互	
发布管理	1.	服务提供者是否与客户一起计划服务、系统、软件和硬件的发布	
	2.	是否有效建立变更管理触发发布管理的机制	
	3.	是否建立相关变更单和发布单的关联	
	4.	发布管理流程是否包含当发布不成功时的回滚计划（Backout Plan）	
	5.	发布管理流程是否包含对配置管理数据库（CMDB）中的配置项的变更	
	6.	变更请求是否被评估其对于发布计划的影响	
	7.	发布是否按照其影响度和紧急程度分类？制定不同发布的审批人员级别	
	8.	是否对相应的政策来控制对紧急变更（Urgent Release）的授权与执行	
	9.	发布记录是否被定期分析，以侦测发布增加的程度、经常的反复的类型、紧急的趋势与其他相关联的信息	
	10.	任何发布是否经过发布评审委员会审批后方可执行	
	11.	发布计划或发布窗口是否被有效定义？计划发布的日期是否作为真正制定发布时间表的基础	
	12.	是否衡量在发布期间与该发布相关的异常事件所造成的影响	
	13.	是否所有的发布被成功执行，并有执行后的检查（Post Implementation Review）？发布的成功与失败的条件是否可以被衡量	
	14.	发布管理流程的关键绩效指标（KPI）有哪些？是否定期回顾	

续表 4.1

稽核项	条目	稽核内容	打分（1~5分）
发布管理	15.	是否记录发布管理流程中需要改进的事项？采取改进措施并跟进,有服务改进计划或机制	
	16.	发布管理流程是否与配置管理以及变更管理流程之间产生关联	
可用性管理	1.	IT 服务提供商或组织是否清晰地理解这个流程	
	2.	是否定期对这个流程的活动进行回顾	
	3.	是否有电子化的工具提高此流程的执行效率	
	4.	是否有足够的时间和成本来针对此流程进行培训	
	5.	任何对于可用性计划的变更,是否都经过变更顾问委员会评估其影响,并得到有效授权后方可变更	
	6.	可用性的具体数据是否被衡量与记录,并作为服务报告的一部分来定期公布	
	7.	可用性管理是否提供变更影响分析的数据作为变更管理流程的输入	
	8.	是否定期对当前基础架构的可用性进行评估和优化	
	9.	是否对由于系统不可用而造成的直接或间接损失进行计算	
	10.	是否对高可用性管理的成本花费与其带来的业务收益进行比较	
	11.	定期的变更窗口是否已经被客户和业务部门所接受	
	12.	是否有一个公认的流程来处理重大系统不可用所造成的根源分析	
	13.	可用性的历史数据是否被用来做趋势分析来定位未来可能存在的可用性的问题	
	14.	可用性管理流程的关键绩效指标(KPI)有哪些？是否定期回顾	
	15.	是否记录可用性管理中需要改进的事项？采取改进措施并跟进,有服务改进计划或机制	
	16.	可用性管理的关键绩效指标(KPI)是否已经纳入服务级别管理的管理范畴	

续表4.1

稽核项	条目	稽核内容	打分（1～5分）
服务连续性管理	1.	IT服务提供商或组织是否清晰地理解这个流程	
	2.	是否定期对这个流程的活动进行回顾	
	3.	是否有电子化的工具提高此流程的执行效率	
	4.	是否有足够的时间和成本来针对此流程进行培训	
	5.	是否有定期的业务影响分析（BIA）评估服务中断对业务的影响范围和影响级别	
	6.	服务连续性计划即灾难恢复计划（DRP）有有效的文档记录，并被所有涉及的服务部门熟知，以备未来不时之需	
	7.	任何对于服务连续性计划或灾难恢复计划的变更，是否都经过变更顾问委员会评估其影响，并得到有效授权后方可变更	
	8.	服务连续性计划或灾难恢复计划是否被有效测试以符合商业需要	
	9.	是否重要的业务数据被定期地备份和安全地存放	
	10.	是否对服务连续性管理的成本花费与其带来的业务收益进行比较	
	11.	是否IT服务连续性管理（ITSCM）是业务连续性管理（BCM）的一部分	
	12.	对不同的灾备方案是否有很清晰地理解和识别？比如热备和冷备方案等	
	13.	是否对服务连续性计划即灾难恢复计划（DRP）进行定期的演练和问题跟踪？如每半年做一次灾备演练	
	14.	服务连续性管理流程的关键绩效指标（KPI）有哪些？是否定期回顾	
	15.	是否记录服务连续性管理中需要改进的事项？采取改进措施并跟进，有服务改进计划或机制	
	16.	服务连续性管理的关键绩效指标（KPI）是否已经纳入服务级别管理的管理范畴	

续表 4.1

稽核项	条目	稽核内容	打分（1~5分）
信息安全管理	1.	是否制定安全策略标准	
	2.	是否清晰地知道哪个部门负责 IT 安全管理	
	3.	是否有机制阻止非授权的人员访问敏感的 IT 设备和关键数据	
	4.	是否业务对安全的要求被有效地记录	
	5.	是否高层管理团队及其员工有必要的承诺对组织的数据进行保密？如签署保密协议	
	6.	是否存在 IT 安全管理计划，并定期对此计划进行评审和改进	
	7.	是否定期进行内部或外部的安全审计	
	8.	是否有清晰的步骤来处理安全的违背行为	
	9.	是否有电子防范设备有效地阻止电子攻击？如防火墙、IDS 和 IPS 等	
	10.	组织成员是否意识到保护 IT 资产和信息安全的重要性，并有效遵守	
	11.	安全的违背和攻击事件是否被记录到服务报告中	
	12.	任何对于安全策略的变更，是否都经过变更顾问委员会评估其影响，并得到有效授权后方可变更	
	13.	是否信息安全管理团队和服务连续性管理团队建立有效的沟通渠道	
	14.	信息安全管理流程的关键绩效指标（KPI）有哪些？是否定期回顾	
	15.	是否记录信息安全管理中需要改进的事项？采取改进措施并跟进，有服务改进计划或机制	
	16.	信息安全管理的关键绩效指标（KPI）是否已经纳入服务级别管理的管理范畴	

续表 4.1

稽核项	条目	稽核内容	打分（1～5分）
服务级别管理	1.	IT 服务提供商或组织是否清晰地理解这个流程	
	2.	量化的 KPI 指标是否在服务级别协议（SLA）中体现	
	3.	是否定期对这个流程的活动及关键绩效指标（KPI）进行回顾	
	4.	是否有标准的服务级别协议（SLA）合同模板并有效应用	
	5.	是否第三方供应商的合同指标也被纳入服务级别管理的范畴并有效监控	
	6.	是否服务目录被有效地定义来反映组织的服务范围	
	7.	是否有电子化的工具提高此流程的执行效率	
	8.	是否有足够的时间和成本来针对此流程进行培训	
	9.	是否有定期的服务会议讨论服务级别的达成情况和未来可能的服务级别需要（SLR）	
	10.	所有相关各方是否有定期评审服务级别协议文档的内容（一般每年一次），以确保服务级别协议的及时更新和持续有效	
	11.	针对监控结果是否有报告反馈并评审不符合的原因	
	12.	是否在客户或业务部门与 IT 部门之间建立有效的沟通渠道和沟通机制	
	13.	是否所有的服务级别协议合同文档被客户或业务部门签署后执行	
	14.	服务级别协议（SLA）的达成质量是否按照与客户签订协议所应遵循的目标加以监控	
	15.	是否记录以及识别需要改进计划（SIP）和改进的事项？并及时跟进	
	16.	任何新的服务是否很容易地被纳入服务级别管理的范畴	

续表 4.1

稽核项	条目	稽核内容	打分（1～5分）
容量管理	1.	IT 服务提供商或组织是否清晰地理解这个流程	
	2.	是否定期对这个流程的活动进行回顾	
	3.	是否有电子化的工具提高此流程的执行效率	
	4.	是否有足够的时间和成本来针对此流程进行培训	
	5.	监控报告有没有定期发送给使用人员	
	6.	是否有每年/每季度/每月定期召开技术研讨会	
	7.	是否容量管理相关的数据记录到容量管理数据库（CDB）中	
	8.	是否有评估新的服务或现有服务的变更请求对服务容量的影响？任何针对 IT 环境的变更都需要走变更管理流程	
	9.	是否能预测工作量和环境的变化？是否包含足以进行预测分析的资料与流程	
	10.	是否有对改变 IT 服务环境以及商业需求预期影响的分析和应对机制，例如政府的法规、行业的规范等	
	11.	是否有尝试影响用户的使用行为，使其更多地在非高峰时间段使用	
	12.	是否每一个独立的服务的容量监控阀值被有效地设置和合理地监控？并帮助解决服务的故障或问题	
	13.	是否对业务容量、服务容量和资源容量管理进行有效地区分和管理	
	14.	容量管理流程的关键绩效指标（KPI）有哪些？是否有包含当前与预测的容量及绩效要求？是否定期回顾	
	15.	是否记录信息容量管理中需要改进的事项？采取改进措施并跟进，有服务改进计划或机制	
	16.	容量管理的关键绩效指标（KPI）是否已经纳入服务级别管理的管理范畴	

续表 4.1

稽核项	条目	稽核内容	打分（1 ~5 分）
财务管理	1.	IT 服务提供商或组织是否清晰地理解这个流程	
	2.	是否定期对这个流程的活动进行回顾	
	3.	是否有电子化的工具提高此流程的执行效率	
	4.	是否有足够的时间和成本来针对此流程进行培训	
	5.	是否依据预算进行成本之监控与报告？定期对预算和成本进行比对	
	6.	是否有成本模型(Cost Model)或其他机制很容易地给客户或业务部门展示 IT 的运营成本	
	7.	任何成本变更是否经过变更管理流程进行成本分析与核准	
	8.	是否定期举行财务审计	
	9.	是否对不同成本类型进行有效区分,如固定成本、直接成本和非直接成本等	
	10.	是否财务报表简单和容易理解	
	11.	是否制定有效的服务收费策略和收费原则	
	12.	是否财务数据被其他管理流程有效地利用,比如发布管理和变更管理流程等	
	13.	是否理解成本中心和利润中心的区别	
	14.	财务管理流程的关键绩效指标(KPI)有哪些？是否定期回顾	
	15.	是否记录财务管理中需要改进的事项？采取改进措施并跟进,有服务改进计划或机制	
	16.	财务管理的关键绩效指标(KPI)是否已经纳入服务级别管理的管理范畴	

续表 4.1

稽核项	条目	稽核内容	打分（1~5 分）
供应商管理	1.	IT 服务提供商或组织是否清晰地理解这个流程	
	2.	是否定期对这个流程的活动进行回顾	
	3.	是否有电子化的工具提高此流程的执行效率	
	4.	是否有足够的时间和成本来针对此流程进行培训	
	5.	供应商的资质和历史绩效信息是否记录到供应商管理数据库中	
	6.	是否对供应商的绩效进行评估，评估的依据是什么	
	7.	对供应商评定等级的方式如何？如长名单和短名单供应商之分	
	8.	是否有机制选择最适合或最优秀的供应商？并且有供应商淘汰机制	
	9.	是否签订第三方供应商合同（UC）	
	10.	对于与供应商签订的第三方供应商的协议指标是否能满足企业对客户的服务级别协议指标的要求	
	11.	是否至少每年进行一次对供应商合约或正式协议的审查和续约（Renew）	
	12.	若有合约和相应的第三方供应商合同或协议的变更，是否经由变更管理流程来管理	
	13.	是否有处理合约争议的流程	
	14.	供应商管理流程的关键绩效指标（KPI）有哪些？是否定期回顾	
	15.	所识别的需要改善或跟进的措施是否被记录，并且作为服务改善计划的输入	
	16.	供应商管理的关键绩效指标（KPI）是否已经纳入服务级别管理的管理范畴	

续表 4.1

稽核项	条目	稽核内容	打分（1~5分）
持续改进管理	1.	服务改进是否有评估、记录和排定优先级顺序	
	2.	是否有使用服务改进计划来控制服务改进活动	
	3.	服务提供方实施过程改进，是否有纠偏和预防潜在问题的措施	
业务关系管理	1.	当有服务级别协议或合同有相关内容需变更的，是否有开变更单并且按照变更管理流程来跟进直至完成	
	2.	客户投诉的处理结果有没有及时告知客户	
	3.	是否有记录、调查、回应、报告并正式关闭所有的服务投诉或抱怨	
管理体系	1.	管理者是否建立服务管理的方针、目标和计划	
	2.	是否定义并保持所有服务管理者的角色和职责以及有效履行这些角色和职责所需的能力	
	3.	是否评审管理人员的能力，以确保他们能够有效履行角色和义务	
服务报告	1.	是否有满意度调查报告？是如何做到的	
	2.	服务报告是否符合服务级别协议度量的需要，客户的具体要求是否得到明确的回应和体现	
	3.	服务报告是否包含对应服务级别协议所要衡量的绩效指标的度量结果	
	4.	服务报告是否包含不符合服务级别协议的违背事项	

续表 4.1

稽核项	条目	稽核内容	打分（1～5分）
新服务变更后的服务管理	1.	是否考虑由服务交付和管理所导致的成本，以及组织的、技术的和商业的影响	
	2.	新的或变更服务的实施（包括服务中止），是否有进行策划并经过变更管理者的正式批准	
	3.	是否有被服务提供方或客户所正式接受的流程	
	4.	服务提供方应根据策划的安排，在新的或变更的服务实施后应及时报告所取得的效果	
	5.	是否有通过变更管理流程对计划的实施后的服务进行评审，即将真实的效果与计划相比较	

打分的规则：1 分：不知道（Don't know）

2 分：强烈不认同（Strongly disagree）

3 分：部分认同（Parthy agree）

4 分：认同（Agree）

5 分：强烈认同（Strongly agree）

图4.1是IT服务管理成熟度雷达图的评估结果举例。

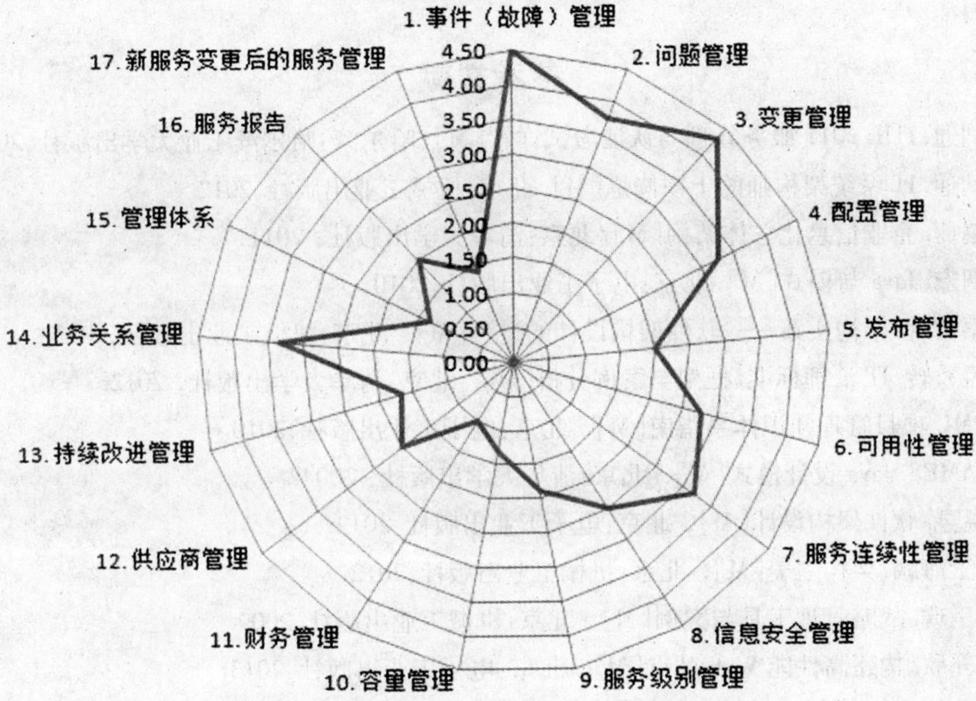

图4.1 IT服务管理成熟度雷达图的评估结果举例

参考文献

[1] 刘通. ITIL 2011 服务管理与认证考试详解[M]. 哈尔滨:哈尔滨工业大学出版社,2014.

[2] 刘通. IT 系统架构师的十项修炼[M]. 北京:机械工业出版社,2012.

[3] 赵捷. 企业信息化总体架构[M]. 北京:清华大学出版社, 2011.

[4] 阎宏. Java 与模式[M]. 北京:电子工业出版社,2010.

[5] 蔡黄辉. 架构实践——软件架构设计的过程[M]. 北京:机械工业出版社,2013.

[6] 孟秀转. IT 治理标准、框架与案例分析[M]. 北京:清华大学出版社, 2012.

[7] PMI. 项目管理知识体系指南[M]. 北京:电子工业出版社,2010.

[8] JAMES. Java 设计模式[M]. 北京:清华大学出版社, 2004.

[9] 温昱. 软件架构设计[M]. 北京:电子工业出版社,2012.

[10] 王海鹏. 架构之美[M]. 北京:机械工业出版社,2012.

[11] 王璞. 战略管理工具与案例[M]. 北京:机械工业出版社,2009.

[12] 郭欣. 构建高性能 Web 站点[M]. 北京:电子工业出版社,2013.

[13] 王仰富,刘继承. 中国企业的 IT 治理之道[M]. 北京:清华大学出版社, 2010.

[14] BROOKS. 设计原本[M]. 北京:机械工业出版社,2013.

[15] 维克托·迈尔-舍恩伯格. 大数据时代——生活、工作与思维的大变革[M]. 杭州:浙江人民出版社,2013.

[16] 周洪波. 云计算技术、应用、标准和商业模式[M]. 北京:电子工业出版社,2011.

[17] 周洪波. 物联网技术、应用、标准和商业模式[M]. 北京:电子工业出版社,2011.

[18] 吴伯凡. 这,才叫商业模式[M]. 北京:商务印书馆,2011.

[19] PETER. 云计算 21 世纪的商业平台[M]. 北京:电子工业出版社,2009.

[20] 周晨光. 云 7 种清晰的商业模式[M]. 北京:机械工业出版社,2011.

[21] 朱武祥. 发现商业模式[M]. 北京:机械工业出版社,2011.

[22] IBM. 云计算实践之道[M]. 北京:电子工业出版社,2011.
[23] IBM. Team Solution Design Methodology[M]. Amonk, USA: Internal Material,2013.
[24] 强茂山. 项目管理案例[M]. 北京:清华大学出版社,2011.
[25] 郭树行. 企业架构与 IT 战略规划设计教程[M]. 北京:清华大学出版社,2013.
[26] JAN VAN BON. 基于 ITIL 的 IT 服务管理基础篇[M]. 北京:清华大学出版社,2007.
[27] BROOKS. 人月神话[M]. 北京:清华大学出版社,2012.
[28] LARMAN C. 敏捷迭代开发管理者指南[M]. 北京:清华大学出版社,2004.